兒 / 戲 / 原 / 覽

고려대학교 교육문제연구소 번역총서 01

兒/戲/原/覽

아희원람

장혼(張混) 지음 | 한용진·서범종 옮김

KSI 한국학술정보(주)

‖ 교육문제연구소 총서 간행사 ‖

　본 연구소는 1972년 11월 1일 고려대학교 부설 연구기관으로 창립된 이래, 한국 교육문제 전반에 걸친 이론과 실제에 관한 연구를 통하여 한국 교육문제의 해결과 교육의 질 향상을 위해 노력해 왔습니다.

　이러한 노력의 일환으로 본 연구소는 교육학의 학문적 발전을 도모함과 동시에 연구자들의 연구역량을 강화하기 위해 총서간행을 추진하게 되었습니다. 본 연구소 총서는 연구총서, 번역총서 및 한국교육학 총서의 3가지로 구분하여 발간됩니다.

　연구총서는 비록 사회적 수요가 많지 않더라도 한국 교육학의 학문적 수준을 높이기 위하여 반드시 필요하다고 인정되는 연구물을 발행하며, 번역 총서 역시 연구총서와 동일한 취지에서 외국어로 된 독창적이고 우수한 연구물을 번역하여 발행합니다.

　한국교육학총서는 외국 교육학이론의 한국적 토착화를 시도한 연구물, 자생적 한국교육이론과 실제에 관한 연구물, 그리고 한국의 전통적 혹은 현대적 교육현상과 실제에 관한 연구물로써 독자들에게 보다 친근하게 읽힐 수 있는 분량으로 발행합니다.

　이번에 발행된 총서들은 2006년도에 시행된 1차 총서사업의 결과물입니다. 그간 총서의 기획과 성공적인 시행을 위해 기울인 한용진 전임소장의 노고를 크게 치하하는 바입니다. 그리고 오늘의 알찬 결실이 있기까지 아낌없이 본 연구소를 지원해준 사범대학 강선보 학장을 비롯한 교육학과 교수 및 관계자 여러분께 감사드립니다. 특히 연구소 총간사 겸 총무기획부장 김영래 박사와 연구학술부장 정동화 박사, 그리고 저·역자들의 노고가 지대하였음을 밝힙니다.

2008년 2월 29일

고려대학교 교육문제연구소 소장 권 대 봉

‖ 서 문 ‖

일찍부터 학교교육이 발달한 한국의 전통사회에는 학습을 위한 많은 교재들이 있었다. 사서삼경의 경서와 역사서, 제자백가서 등 주로 성인들을 대상으로 하는 교재뿐만 아니라, 아동들을 대상으로 하는 교재들도 많이 발간되어 활용되었다. 그 중 대표적인 서적이 『아희원람』이다. 해제에서도 밝혔듯이 『아희원람』을 단순히 아동교육서로 한정하는데는 논란의 여지는 있지만, 다른 한편으로는 이 책이 담고 있는 내용과 200여 년 동안 거쳐온 이력을 본다면 아동서 혹은 동몽서로 분류하더라도 큰 문제는 없을 것이다. 19세기 우리 선조들은 이 책을 배우며 무슨 생각을 하고 있었을까? 21세기에 『아희원람』을 완역하는 이유는 당시 사람들의 자연관, 세계관, 인간관을 이해하고, 우리의 교육문화적 전통을 되살리는 데 도움이 될 수 있을 것이라 믿기 때문이다.

많은 고전과 명저들이 번역되어 다시 우리 앞에 옷을 갈아입고 나타났지만, 여전히 보석같은 내용을 담은 채 번역의 손길을 기다리고 있는 명저들이 있다. 그 중 하나가 바로 『아희원람』이었다. 조선시대 아동교육서로 『동몽선습』이나 『사소절』 등이 이미 번역되어 있음에도 불구하고, 『아희원람』은 부분적인 인용과 소개만 있을 뿐 제대로 번역되지 못하였음에 주목하게 되었다. 결국 2002년 2학기 일반대학원 과목으로 대학원생들과 함께 강독을 하게 되었다. 그러나 한 한기라는 짧은 기간에, 제대로 이해하고 번역하는 데에는 한계가 있었기 때문에, 종강할 때까지 강독을 마치지 못하고 후일을 기약하게 되었다.

그 후 강독에 함께 참여했던 서범종 박사와 뜻을 같이하여 둘이 같이 혹은 따로따로 원문을 읽고 고민하고, 번역원고를 고치고 다듬어 이제 출간할 수 있게 되었다. 번역본이 나오기까지 그 과정이 순탄하지 않았고, 순탄하지 않았던 만큼 어느 정도의 아쉬움과 두려움도 남는다. 번역에만 몰두하기 어려운 여러 가지 상황과 공동번역이라는 한계도 있었지만, "아무리 느린 말도 쉬지 않고 열흘을 달리면 준마를 능히 따를 수 있다"는 『순자』의 가르침을 믿으며 번역서를 완성하게 되었다. 뒤돌아보면 곳곳에 수정의 여지를 많이 남겨놓고 있어 앞으로 독자들의 많은 질정을 바란다.

　오늘날 인문학의 위기의식 속에서 새롭게 인문학 기초연구의 중요성에 주목하며 마련된 고려대학교 교육문제연구소의 번역총서 제1권으로 이 책이 나올 수 있게 된 것과 여러 가지 어려운 상황 속에서도 기꺼이 출판을 맡아주신 한국학술정보(주)에 마음 깊이 감사를 드린다. 또한 2002년에 함께 강독하였던 대학원생 여러분들과 교육학 총서사업을 시작한 교육문제연구소에 대하여도 진심으로 감사를 드린다.

역자를 대표하여　한 용 진

‖ 목 차 ‖

‖ 일러두기 ‖

1. 이 번역서의 판본(板本)은 1803년에 발간된 계해신간본(癸亥新刊本)본을 저본(底本)으로, 완산중간(完山重刊)본을 부본(副本)으로 하였다. 국립중앙도서관에 소장되어 있는 저본의 문서번호는(고811 ㅈ135ㅇ)이다.

2. 번역문은 한글 전용을 원칙으로 하고, 한자표시가 필요할 때에는 한글을 앞에 쓰고 괄호 안에 한자를 병기하였다.

3. 원문의 주는 어깨글로 표시하였고, 번역문에서도 원문의 주는 어깨글로 표시하였다. 필요한 경우 역자의 주를 각주로 처리하였다.

4. 해석 또는 번역한 한자를 표시할 때는 [ ]표를, 같은 음과 뜻의 한자를 표시할 때는 ( )표를 사용하였다.

5. 이 번역서 저본의 체제는 서문 뒤에 형기부터 보유까지 항목의 이름만 있고 바로 본문의 내용이 이어지나 번역과정에서 내용에 따라 부(部)로 체제를 구분하고 숫자를 붙여 장(章)으로 표시하였다.

▣ 아희원람 서문

이가환(李家煥)

옛날에 아동들은 8살이 되면 소학에 들어갔다. 주나라 관제에서 보씨(保氏)는 공경대부 자제들의 양육을 담당하였고 육서를 가르쳤다. 아이들은 육서에 능통하게 되면 글자 풀이를 통해 옛 성현들이 하신 말씀의 뜻을 탐구하였다. 『이아(爾雅)』가 뭇 경전에 포함될 수 있었던 이유가 여기에 있었다. 그들이 배웠던 것은 간략하고 참된 것들이었다. 그러나 그것은 사람들이 반드시 알아야 할 것들이었고 배우면 또한 반드시 알 수 있는 것들이었다.

오늘날의 선비된 자들은 이 점에서 나는 의심스럽다. 그들은 배움을 시작할 때에는 근본에서부터 시작하지 않았고 끝내는 시류에 휩쓸려 다니다가 돌아올 줄을 모른다. 알고 있는 것의 범위가 넓다고는 하지만 대개가 몰라도 되는 것들이다. 또 자신들 스스로는 안다고 생각하지만 실제로는 알지 못한다. 장혼의 『아희원람』이 지어진 이유가 여기에 있다.

『아희원람』은 「형기」편에서 「전운」편까지 10개 조목에 수만의 글자로 이루려져 있다. 대체로 여씨의 『대사기』와 조씨의 『사물원시』에서 체제를 가져와서 보태고 뺀 것이다. 폭넓은 공부에서부터 시작해 근본을 쫓아 소학으로 돌아갔기 때문에 능통한 사람에게도 꼭 필요한 책이고 사물의 이치에 어두운 초학자들에게는 더욱 적합한 책이다. 양웅은 '해가 지려 하니 머리가 동쪽으로 가네'라는 말을 했는데 이 말이 바로 이 책 제목에 담겨 있는 의미를 잘 드러내 주고 있다.

兒戲原覽序[1]

　　古者　八歲入小學. 故周官保氏　掌養國子　教之六書. 六書旣通　斯有
訓詁以來古聖賢立言之旨. 此爾雅所以得列於諸經也. 其所學爲簡諒　皆
人所不可不知　故學之　又必能知之. 今之爲士者　吾惑焉. 其始也　不由
其本　其末也　沿流而忘返. 所知雖博　蓋有不知而不害者焉. 又或有自謂
己知　而實未嘗知者. 此張氏兒戲原覽之所由作也. 其書自形氣至傳運
凡十則數萬言. 蓋取呂氏大事記　趙氏事物原始之體　而增捐之. 自博綜
之學　循其本而反之于小學　故雖爲通人之所必須　于蒙士爲尤宜. 揚子云
曰　日西首東　此命編之旨也.

---

1) 이 글은 이 번역본의 저본인 1803년에 간행된 『아희원람』에는 수록되어 있
지 않고 이가환의 문집인 『詩文艸』(국립중앙도서관 소장본 한古朝43-가50)
에 수록되어 있다. 이가환은 정조대의 대표적 남인 정치가 학자였지만
1801년 신유박해 때 역적으로 몰려 처형되었다. 이런 정치적인 이유로 이
서문은 순조 연간에 출간된 『아희원람』에는 수록되지 못했던 것 같다.

▣ 들어가는 글

장혼(張混)

세상의 어떤 것도 원래부터 갖추어져 있던 것이 아니고 갑자기 만들어진 것도 아니다. 오늘날 새벽부터 저녁까지 열심히 갈고닦는 사람들을 보면 모두 무언가 참고한 것이 있는 듯 보인다. 그렇지만 자세히 보면 그런 것이 없다. 하물며 처음 공부하는 사람들이나 사물의 이치에 어두운 사람들은 귀로 들리는 것은 귀중하게 생각하고 눈에 보이는 것은 천시하는 경향이 있다. 그래서 그들은 가까운 것에 대해서는 업신여겨 알려고 하지 않고 멀리 있는 것에 대해서 무작정 관심을 기울인다.

나는 평소 그들이 화려한 것만 많고 실속이 없는 것을 걱정해 왔다. 그래서 전거가 될 수 있는 고금의 사실과 글을 모을 필요가 있다고 생각했다. 여러 사상가들의 저술을 모으고 온갖 책을 수집하고 돌이나 청동기에 새겨진 기록을 참조하고 보고들은 것을 참작하여 무익한 것은 빼버리고 긴요한 것만 요약하여 종류별로 모은 뒤 하나하나 검토하면서 뽑아냈더니 전체 글자 수가 수만이었고 조목이 열 개가 되었다.

소소한 작은 것들을 힘들게 알아나가니 쉬운 것에서부터 이끌어서 점점 깊숙이까지 젖어들게 한다는 뜻이 아마도 여기에 있으리라!

兒戲原覽引[2]

物不素具 未可應卒. 顧今昕夕磨礱者 率爾有扣 兀然若無. 矧伊初學
蒙孺 貴耳賤目 近者藐 遠自趨. 余常病其多華少實 要稡古今事文可以

---

2) 번역문의 저본에는 이 글의 제목이 붙어 있지 않은 상태로 책의 맨 앞에 붙어 있다. 장혼의 문집인 『이이엄집』에 '兒戲原覽引'이라는 제목이 붙어 있다.

譚據者. 蒐諸家 摭群書 詢剞劂 資聞見 冗剗而紀約 彙分而閱簡 總數
于萬言 條爲十則. 若知璵璠納牖 苴淪之義 或在玆.

■ 아희원람(兒戲原覽) 해제

한용진

아희원람(兒戲原覽)은 조선시대 후기인 1800년대 초에 간행된 장혼(張混: 1759~1828)의 동몽(童蒙) 교육서이자 천문(天文)과 지리·역사·인물 등을 단어별로 설명해 주는 일종의 생활백과사전이다.3) 그동안 장혼에 관한 연구는 주로 문학 분야에서 이루어졌으나 1980년대 이후로 점차 『아희원람』을 중심으로 교육학 연구가 나타나기 시작하였다.4) 그러나 대부

---

3) 『아희원람』이 동몽교재인지, 중인교재인지에 대한 논쟁이나, 교과서-(생활백과적)교양서에 관한 논쟁은 이 글의 3절에서 본격적으로 다루겠지만, 일단 동몽교육서이자 생활백과적 교양서라는 관점에 더 비중을 두고자 한다. 여기서 동몽이란 단지 어린이들을 대상으로 하는 교재라는 의미뿐만 아니라, 나이에 관계없이 어리석은 자들을 일깨우기 위한 교재라는 의미도 포함한다고 할 수 있다.

4) 교육학 분야에서 간행된 장혼연구물을 시대순으로 살펴보면 다음과 같다.
김세한(1981), 「조선조 초학교재 연구」, 계명대학교 교육대학원 석사학위논문.
박정순(1984), 「조선후기 기술관교육 연구」, 한국정신문화연구원 부속대학원 석사학위논문(교육학전공).
이원호(1985), "장혼-아희원람", 『문교행정』 48.
김영문(1993a), 「張混의 初學敎材 硏究」, 성균관대학교 교육대학원 석사학위논문,
김영문(1993b), "장혼(張混)의 초학(初學) 교재 연구", 『한문교육연구』, Vol.7 No.1.
서원경(2003), 「18세기 사회변화 속에서의 서당의 역할」, 이화여자대학교 대학원 석사학위논문 사회생활학과.
이문원(1993), "張混의 兒戲原覽에 나타난 兒童敎育論", 中央大學校 韓國敎育問題硏究所 論文集, 第8號, (牧亭 柳基燮 博士 停年退任 紀念號)
박연호(2004), "장혼의 교육론 연구: 『兒戲原覽』의 성격을 중심으로", 『교육사학연구』 제14집.
이은경(2005.2), 「장혼의 동몽 교육서 분석」, 광주교육대 교육대학원 초등교육행정 전공.

분의 조선시대 동몽서들이 완역되어 있음에도 불구하고 『아희원람』은 아직 제대로 번역(완역)되지 않은 채 부분적인 인용과 소개만 이루어지고 있는 상황이다. 그런 점에서 이번 원문 대조의 완역은 교육학사적으로 중요한 의미를 가지며 해제를 통해 저자 장혼과 『아희원람』에 대한 독자들의 이해가 더욱 높아지는 계기가 될 수 있으리라 기대해 본다.

1. 저자 장혼(張混)에 관하여

장혼은 일명 장륜(張淪)이며 본관은 결성(結成)이고 자는 원일(元一), 그리고 호는 이이엄(而已广)·공공자(空空子)이다. 서울 출신의 중인인 장우벽(張友璧)의 아들로[5], 1790년 대제학 오재순(吳載純)의 추천으로 교서관(校書館) 사준(司準)[6]이 되어 서적 편찬에 종사하였다. 어머니는 현풍(玄風) 곽(郭)씨이며, 직장(直長)을 지낸 곽진완(郭鎭完)의 딸로, 현철(賢哲)할 뿐만 아니라 한문학에도 밝아 여자들도 반드시 학문을 배워야 한다며 여자교육을 창도한 인물이었다.[7] 원래 장혼의 가문은 고려 태사 정필(貞弼)의 후손으로, 무오사화(戊午士禍: 1498)에 연루되어 유배생활을 치른 선조 노은(蘆隱) 장효충(張孝忠)으로부터 장혼의 증손

고경민(2005.2), 「장혼과 정약용의 아동교육관 비교연구: 초학교재를 중심으로」, 한국교원대학교 교육대학원 석사학위논문.
5) 아버지 장우벽은 음덕으로 통례원(通禮院)의 관원생활을 1년 정도 했다고 한다. 허경진(1993), "비연시사 연구", 『목원어문학』 12, 1-2쪽.
6) 조선조 때 교서관(校書館)의 종8품의 잡직(雜職). 나중에 창준(唱准)으로 고치었음. 법제처(1979), 『古法典用語集』. 법제자료 제110집. 사준은 교서관(校書館)에 배속된 중인(中人) 잡직 중에서 최상급직으로, 오늘날 인쇄소에서 원고를 교정하는 일을 담당하는 직책이다.
7) 張基周, 『結成張氏族譜』 卷之六, 忠南燕岐郡, 大正11(1922), 415쪽, 최용준 (2001) "장혼의 교육활동과 초학교재의 특성", 안동대학교 교육대학원 석사학위논문(한문교육전공), 7쪽 재인용, 안자산, "平民文學を建設した張混先生(三)" 「朝鮮思想通信」 928호, 1929.4.18.(自山은 安廓의 호이기에 본문에서는 안확으로 표기함.)

인 옥천(玉泉) 장효무(張孝懋)에 이르기까지 14대를 이어온 은일(隱逸)의 문한(文翰) 가문이었다.[8]

장혼은 영종조 기묘(己卯) 8월 4일, 인왕산 서벽정(捿壁亭)에서 태어났는데[9], 장혼이 다리를 절게 된 데에는 두 가지 주장이 있다. 하나는 대부분의 논문들에 나타난 바와 같이 6세 때에 소아마비를 앓았다는 주장이며[10], 다른 하나는 장성하여 9세가 되었을 때 개에게 물려 오른쪽 다리를 다쳐 쩔뚝발이가 되었다는 것[11]이다. 어느 쪽이든 장혼이 신체적으로 불편함으로 다리를 절고 있었다는 점에는 변함이 없으나, 이 글에서 안확은 "신체적으로 불평을 체험하였기에 평등의 진리를 깨닫게 된 것은 아닐까"라고 추정하며, 특히 중국의 걸식과객 철승선(鐵僧仙)과 장혼이 모두 절뚝발이로 자유사상가라는 공통점을 갖는다고 하였다.

특히 안확은 장혼을 "조선 유사 이래 평민주의를 제창하고, 평민문학을 건설한 사람"이라 하였다.[12] 안확은 장혼을 인왕산 밑 만리장성댁(萬里長城宅) 주인이라고도 하는데, 이는 당시 중인 출신의 문사들 10여 명이 그 넓은 집 정원에 모여 교유(交遊)할 수 있었기 때문이라는 것이다. 오늘날 배화여학교 자리인 옥류동(玉流洞)에 '이이엄'이라는 집을 짓고 문인들과 교유하였는데, 이이엄은 스스로 만족한다는 뜻의 자족(自足)을 의미한다. 천수경(千壽慶)·김낙서(金洛瑞) 등과 함께 위항(委巷) 문인들의 시사(詩社)인 송석원시사(松石園詩社)의 핵심인물로 활약하면서, 1797년 《풍요속선(風謠續選)》을 편집, 간행하였다.[13]

---

8) 최용준(2001) 및 안자산(1929.4.16.).
9) 최용준의 논문에는 서벽정을 서벽정(棲壁亭)으로 적고 있는데, 捿와 棲는 같이 쓰인다.
10) 대부분의 장혼 관련 논문들은 "여섯 살에 소아마비에 걸려 한쪽 다리를 절었다"고 적고 있다. 최용준(2001), 박연호(2004).
11) 안자산, "平民文學を建設した張混先生(三)" 「朝鮮思想通信」 928호, 1929.4.18. 이 글에서는 쩔뚝발이를 파각(跛脚)이라 표현하고 있다.
12) 안자산, "平民文學を建設した張混先生(一)" 「朝鮮思想通信」 926호, 1929.4.16. 이 글에는 장혼 선생의 호를 而已廳으로 표기하고 있는데, 이는 而已广의 오자로 보인다.

최용준(2001)은 조희룡(趙熙龍)의 『壺外山記』를 인용하여 어린 시절 장혼이 서당에 다니지 못한 이유를 다음과 같이 설명하고 있다.

장혼은 어려서부터 점잖고 너그러우며 마음이 밝고 사려가 깊었다. 하지만 자식의 총명함을 염려한 그의 부친은 "비록 반고(班固)와 양웅(楊雄) 같은 재주와 종정(鐘鼎)의 귀함이 있을지라도 적어도 명교(名敎)에 결함이 있으면 세상에 설 수 없다"고 경계하여 서당에 보내지 않았다.14)

그런데 장혼은 어머니를 통해 글을 배웠는데, 놀랍게도 한 번 본 것은 곧바로 암송할 만큼 재능이 뛰어났다고 한다. 특히 9살 때에 비로소 문자를 배우기 시작하여, 10세에는 시를 배웠는데, 15－16세가 되었을 때에는 이미 사서에 통달하였고, 특히 시에 뛰어나서 그가 시를 한 번 읊기만 하면 여러 사람들이 다투어 베껴서 읊곤 하였다고 한다.15) 32살 때인 1790년(정조14)에 당시 재상인 순암(醇庵) 오재순(吳載純: 1727~1792)의 추천으로 규장각 감인소(監印所)의 사준(司準)으로 있으면서 홍석주(洪奭周)·김조순(金祖淳)·김정희(金正喜) 등 당대의 사대부 문사들의 지우를 받으며, 모친상을 당한 57세(1815년)까지 약 25년 동안 이곳에서 근무하였고, 모친상을 마친 이후인 1820년에도 다시 사준으로 복직하여 규장각 사업에 관여하고 있었던 것으로 보인다. 그는 초서와 예서에도 뛰어났고, 역사·문학에 관계된 많은 저술들을 남겼는데, 문집으로는 ≪이이엄집≫이 전하며, ≪근역서화징(槿域書畵徵)≫과 ≪일사유사(逸士遺事)≫ 등에 행적이 간략히 기록되어 있다.

---

13) 안자산, "위의 글" 및 두산백과사전 EnCyber 참조.
14) 최용준(2001)은 조희룡(趙熙龍)의 『壺外山記』「장우벽전」, 최용준(2001), 앞의 논문, 8쪽 재인용.
15) 張之琬, 『枕雨堂集』卷6, 「張先生混傳」, "母郭氏解書史 試授之書 犁然透悟 一過目輒誦"

2. 서지학적 고찰과 내용 구성

1) 서지학적 고찰: 간행시기와 판본 등

『아희원람』에 관한 서지사항은 기존의 연구에서 윤병태 7종, 강명관은 목판본 6종 등으로 되어 있지만, 김영문의 연구에 의하면, 희현당(希顯堂) 철활자본 2종류, 목판본 13종류, 필사본 2종류, 개정판 이본(異本) 1종류 등 그 종류가 무척 많은 것으로 되어 있다.[16] 『아희원람』에 관한 지금까지의 연구물들은 대체로 간기(刊記)에 「癸亥新刊」이라 적혀 있다는 점에서 1803년에 초판본이 간행된 것으로 보고 있다. 그러나 간행 연도와 저작 연대가 통상 다를 수 있다는 점을 고려한다면, 『아희원람』이 처음 완성된 것은 1803년(순조3년)보다 앞선 시기로 추정해 볼 수 있다. 정순목은 저작 연도를 1795년(정조19)이라 보고 있고, 박연호는 중국의 연호 '가경(嘉慶)'이 표시되었기에 일단 1796년 이후로 보고 있으며, 조선의 왕통 계승이 정조(正祖)까지 나온 다음 '今上殿下萬萬歲'이라고 적혀 있는 점에서, 순조 즉위 이후인 1800년에서 1802년 사이에 완성된 것으로 비정하고 있다.[17]

서지학적 맥락에서 김영문의 연구 내용을 참고해 보면, 대체로 희현당 철활자본을 초간본으로 보고 있으며, 계해신간(癸亥新刊)이라는 간기를 고려할 때 1803년에 처음 인쇄된 것으로 보고 있다.[18] 그리고 목판본은 그 종류가 많은데, 계해신간본과 완산중간본(完山重刊本)이 있고, 모두 한 시기에 찍었다기보다는 후에 인쇄하면서 간기(刊記)도 함께 복각한 것으로 보고 있다. 발견된 곳이 왕실 도서실, 세가(世家) 집,

---

16) 김영문(1993),「장혼의 초학교재 연구」, 성균관대학교 교육대학원 석사학위 논문(한문교육전공), 28쪽.
17) 박연호(2004), "장혼의 교육론 연구",『교육사학연구』14권, 14–15쪽.
18) 위의 논문, 28–35쪽. 그러나 국가전자도서관에서『아희원람』을 검색하면 1800년에 간행된 판본이 있는 것으로 나와 있기에, 이에 대해서는 추가적인 확인이 필요하다.

개인, 서점 등 다양하며 상인이 팔기도 했다는 점에서 『아희원람』을 수용한 대상이 계층에 상관없이 다양하게 보급되었으며, 상업적으로 유통된 것으로 추정하고 있다. 특히 완산중간본은 1906(丙午中秋)로, 明治44년(1911)[19], 大正4년(1915)의 세 가지 본이 있는데, 인쇄 장소가 전주(1911)와 경성(1915) 등으로 되어 있어, 시기적으로 초간본인 1906년이 서당교육을 통한 애국계몽운동 시기와 맞물려 간행된 것에 의미를 두기도 하지만,[20] 기본적으로는 총독부의 인가를 받고 간행될 수 있었던 점에서 지나치게 민족주의적으로 해석하기보다는 단지 사회적 수요가 상당히 있었음을 반영한다고 할 수 있다.

김영문은 필사본(梨花女大本과 成均館大本, 이하 이대본과 성대본)의 내용적 차이에 주목하고 있는데, 이대본은 계해신간으로 되어 있지만 언제 누가 필사했는지 알 수 없고, 성대본은 인쇄본과 체제나 내용면이 많이 다르기에 특히 주목할 필요가 있다고 하였다. 김영문의 논문에 정리된 『아희원람』 성대 필사본의 특징을 보기 좋게 수정해 보면, 다음 <표1>과 같다.

<표1> 인쇄본과 성대 필사본의 차례 비교

기본 차례	인쇄본 차례		성대 필사본 차례	비　고
머리말	引		생략	완산중간(1916) 생략
제1장	形氣	①	③	邦都
			보충 ① 11	東國 歷代
			보충 ②	
제2장	創始	②	④	國俗
제3장	邦都	③	①	形氣
제4장	國俗	④	②	創始

19) 조선총독부 경무총감부 인가를 받아 전주의 文明書館에서 초판을 발간한 것이 1911년이며, 大正5년(1916)에는 재판을 발행하였다. 저작 겸 발행자 卓鍾佶, 인쇄 겸 발행자 梁完得이다.
20) 김영문 및 김문수(1984), "서당교육을 중심으로 한 초등교육에 관한 고찰", 원광대 석사논문.

기본 차례	인쇄본 차례		성대 필사본 차례	비 고
제5장	誕育	⑤	⑥	姿性
제6장	姿性	⑥	⑤	誕育
제7장	才敏	⑦	⑦	才敏
제8장	壽富	⑧	생략	
제9장	變異	⑨	⑨	變異
제10장	傳運	⑩	생략	
부록 및 보유	附 東國	⑪	보충 ①로 감	
	附 數彙	⑫	⑫	附 數彙
	補遺	⑬	보충 ③	보충

성대 필사본이 인쇄본과 다른 점은 목차의 순서를 바꿔 방도(邦都)를 앞에 두고, 여기에 보충①과 보충②로 부록에 있던 「동국」에 추가적인 내용을 포함하여 「동국역대」를 적음으로써 우리나라의 역사를 강조하고 있으며, 그 다음으로 국속(國俗)을 두어, 형기(形氣)와 창시(創始)라는 추상적인 내용보다 국가적인 내용을 앞세우고 있다. 또한 수부(壽富)와 중국 역대기를 다룬 전운(傳運)을 과감히 생략하고, 자성(姿性)에도 한국 인물을 더 많이 담고 있다는 점에서 내용상 자주적인 변화를 보여주고 있다. 이 밖에도 학습에 도움이 되지 않는다고 생각되거나 비교육적인 내용들을 생략하고, 비과학적 동물의 특성이나 사람의 특이한 재능 면을 생략하거나 보다 과학적인 내용을 추가하고 있다.[21] 이 같은 성대 필사본이 만들어진 시기를 추정해 볼 수 있는 것은 「동국역대」 중에서 우리나라에 대해 '本朝의 正宗 재위 24년 建陵'까지 표시되어 있고, '今上殿下萬萬歲'는 생략되어 있는 것으로 볼 때, 일단 정종 24년은 1800년이므로, 적어도 순조 재위기간(1801~1834) 이후에 간행된 것

---

21) 학습에 크게 도움이 되지 않는 것으로는 자성(姿性)에서 음식을 많이 먹는 자, 이상한 음식(부스럼 딱지 등)을 좋아하는 자, 말의 언어를 해석하는 자, 개미 말을 들을 수 있는 자, 공작의 성품, 여우가 사람 된 이야기 등이 생략되고, 풍속(風俗)에서도 비교육적인 '南靈草', '酒', '女樂'을 생략하였다고 한다. 김영문(1993), 앞의 논문, 32-34쪽 참고.

으로 추정할 수 있다. 또한 필사자에 대해서는 적혀 있지 않다.

2) 내용 구성 및 특징

위의 <표1>에서 본 바와 같이 『아희원람』은 머리말[引]과 10장, 그리고 2가지 부록과 보유편으로 구성되어 있다. 여기서는 1803년 癸亥新刊 인쇄본을 기준으로, 각각의 내용이 다루고 있는 바를 간단히 정리해 보면 다음과 같다. 전체 내용은 총 13장 528항목에 달하고 있는데, 구성원리는 대체로 대표 용어가 먼저 나오고 이에 대한 설명을 달고 있다. 전체 구성에서 각 단원이 서로 연관된 유기적인 선후관계가 있다고 보이지는 않지만, 적어도 자연현상이나 사회현상, 역사적인 내용들에 해당하는 형기, 창시, 방도, 국속을 앞에 두고, 사람들의 염원이나 상상에 해당하는 탄육, 자성, 재민, 수부, 변이 등을 뒤에 놓고 있다. 상당 부분 한국의 내용을 담았다고는 하지만, 여전히 그 중심에는 중국 중심적 시각이 강하게 남아 있다. 특히 인물과 사건, 문물 등이 중국 중심으로 서술되고 있으며, 철학적 기반 역시 유교철학을 근본으로 하고 있다. 그럼에도 기존 교재와 다른 점은 머리말에서 말하고 있는 바와 같이, "듣는 것은 귀하게 여기고 보는 것은 천하게 여기며, 가까운 것은 멀리하고 먼 것을 좇는" 당시의 공부 풍토나 교재 상황을 비판하고 있기에, 기존의 현실과 동떨어진 관념적인 내용보다는 실생활 주변의 구체적 공간을 대상으로, 옛날과 지금의 사문(事文) 중에서 고증할 만한 것을 모아 놓고 있다는 점에서 사실성을 기반으로 하고 있다고 하겠다.

제1 형기(形氣) 24항목
태역(太易)과 건곤(乾坤)에서 시작하여 천·지·인, 해, 달, 별, 구름, 비, 서리, 눈, 바람, 천동, 번개, 무지개, 놀, 안개, 은하수 등 우리 주변의 자연현상들을 다루고 있다. 또한 하늘의 9층 구조라든가, 해와 달,

오행과 만물의 변화 생성에 대해서도 설명하고 있다.

제2 창시(創始) 135항목

아희원람의 내용 중 거의 25% 이상을 차지하며, 인간의 기본적인 삶과 관련된 의식주 내용들(익혀 먹기[화식(火食)], 의복, 집 만들기, 궁실, 농사짓기, 누에치기 등)을 비롯하여, 일상 용품들(도자기, 솥, 시루, 수저, 도끼, 안경, 반지, 거울, 요강, 부채, 삿갓, 신발 등), 그리고 놀이나 생활 속에서 만나게 되는 것들(배와 수레, 화폐, 의약, 도량단위, 그물, 활, 술, 가무, 금슬, 피리, 아야금, 투전, 여악, 산대, 연날리기 등)과 관혼상제의 통과의례 및 교육과 관련된 내용들(혼인 예물, 중매, 문자, 서적, 그림, 주판, 역사, 육십갑자, 윤달, 존대법, 제사, 종묘, 사직, 학교, 석전, 신주, 의약, 무당, 이두, 4서5경, 이두 등) 다양한 내용들의 기원에 대하여 밝히고 있다.

제3 방도(邦都) 22항목

우리나라의 역사를 태백산 신단수 아래로 내려온 사람으로부터 시작하고 있는데, 성은 환(桓)이고 이름을 왕검(王儉)이라 표현하고 있어, 고조선의 시조인 단군과 신시 배달국의 시조인 환웅을 뭉뚱그려 표현하고 있다. 이어서 신라의 시조 박혁거세와 석탈해, 미추왕, 궁예까지 설명하고, 그 후에 고구려 동명왕 주몽, 가락국, 탐라국, 그리고 개성부의 나성(羅城)과 한양성을 설명하고 있는데, 백제에 대한 언급은 별도의 항목이 아니라, 11번째 단군 이후 조선까지의 도읍지 변천사 속에서 설명하고 있다. 또한 예국, 맥국, 행인국, 실직국, 이서고국, 소가야국, 고녕가야국, 벽진가야국, 창녕국, 미추홀국, 낙랑, 임둔, 진번, 동옥저, 남옥저, 구다, 개마, 발해 등 28개 열국들의 이름과 위치를 적고 있다. 마지막에는 조선시대 관사(官司)와 품질(品秩)의 종류를 나열하며, 정부에 어떤 부서와 직급이 있는지 익힐 수 있도록 하였을 뿐만 아니라, 한야의 5부(部) 29방(坊), 그리고 경기, 충청도, 전라도, 경상도, 강원도, 황해도, 평안도, 함경도 등 8도(道)의 고을명과 한양과의 거리를 날짜로 적고 있다.

제4 국속(國俗) 13항목

국속에서는 기자 동래설을 시작으로, 평양을 유경(柳京)이라 부르게 된 유래를 적고 있다. 신라의 관료와 복식, 고려의 충렬왕이 원나라 복식을 착용하게 된 것, 다리 밟기[답교놀이], 관등, 유두절, 약밥, 동지팥죽, 담배, 풍년제, 여성 재가 금지[禁改嫁] 등의 유래 등을 설명하고 있다.

제5 탄육(誕育) 26항목

여기서는 복희, 신농, 황제, 소호, 전욱, 요, 순, 우, 탕 등과 같은 3황5제 및 역대 군주들과 공자, 노자, 석가모니 같은 성현들, 그리고 중국과 우리나라에서 출생이 기이한 팽조, 포사, 서언왕, 신라의 알영, 김유신 등의 탄생에 대한 이야기들, 그리고 주나라 문왕, 한나라 중산왕, 송나라 조태 등 유난히 부인이나 자녀가 많은 사람들을 기록해 두었다. 마치 삼국유사의 기이편이나 오늘날 기네스북과 같은 내용들을 다루고 있다는 점에서 배우는 사람들의 흥미를 고취시킬 수 있다.

제6 자성(姿性) 64항목(사람 관련 54항목＋동물 10항목)

자성(姿性)이란 모양이나 성품에 관련된 사항을 다루는 것으로, 먼저 천황씨·지황씨·인황씨 및 복희·신농·황제의 삼황을 비롯하여, 요·순·우·탕임금 등과 강회, 창힐, 치우, 주나라 문왕과 진나라 문공, 공자 등과 항우, 한고조, 동방삭, 관운장 등 다양한 사람들의 외모와 특징, 말투, 대식(大食)이나 특별한 기호(嗜好) 등을 자세히 적고 있다. 예를 들어 복희씨는 뱀 몸에 사람 머리[蛇身人首], 신농씨는 사람 몸에 소의 머리[人身牛首]와 같은 식이다. 치우(蚩尤)의 형제 18명이 모두 짐승 몸에 사람 말을 하며 머리는 동으로 이마는 쇠로 되어 있다[獸身人語銅頭鐵額]거나, 공자는 10척(尺)의 키에 허리둘레가 9위(圍)가 될 정도로 거인이라는 내용은 무척 새롭다. 이 밖에도 공작이나 금계(金鷄), 사향노루, 앵무새, 용, 물고기, 게와 두꺼비, 원숭이와 토끼, 돼지 지렁이 등 다양한 동물의 특징과 내장기관에 대하여, 또한 물고기와 해오라기, 거북이, 황새, 원앙, 뱀 등의 교미와 각종 동물들의 탄생과 수명등에 대하여 적어놓고 있다. 다만, 그 내용 중에는 현대 과학에 비추어보면 타당하지 않은 부분들도 있지만,[22] 당시에 그렇게도 많은 동물과 곤충 등에 대한 관심을 갖고 있었다는 점에서 백과사전적인 내용을 담고 있다고 할 수 있다.

제7 재민(才敏) 24항목

재민(才敏)이란 재주가 있고 영민한 사람들을 적어놓은 것으로, 신농·제곡을 비롯하여 중국의 백거이, 동방삭, 서현비(당태종의 재인), 우리나라의 김시습, 박은, 이이, 유형원 등 일찍부터 천재성과 재능을 드러낸 사람들을 적고 있다. 소개된 인물들에 중국 사람이 많고, 어린 나이부터 시나 문장을 지은 것, 신동으로 과거에 급제하거나 어린 나이에 재상이 된 내용, 일찍부터 유가 경전을 암송한 것 등을 나열함으로써 읽는 자들이 배움에 힘써 입신양명할 것을 권하고 있다. 특히 마지막 문장에는 "그림의 힘은 500년을 가고 글의 힘은 800년을 가며, 문장은 영원토록 길이길이 새롭다"(畵力可五百年 書力可八百年 文章更萬古而長新)이라 하여, 다른 어떤 것보다도 문학 작품의 중요성을 찬양하고 있다.

제8 수부(壽富) 38항목

여기서는 인간의 수명과 재산의 풍요로움에 대하여 적고 있다. 황제,

---

22) 58항목의 "노루와 말은 쓸개가 없다. 게와 두꺼비는 창자가 없다. 원숭이와 토끼는 지라가 없다." 등을 비롯하여, 63항목의 "이리와 여우의 수명은모두 800년이고, 300살이 되면 모두 사람 모습으로 변한다" 등과 같은 황당한 내용도 있지만, 58항목의 "성성이와 비비는 꼬리가 없다"라든가, 59항목의 "매미는 날개로 운다, 메뚜기는 다리로 운다" 등과 같이 오늘날의과학에 비추어보아도 타당한 내용들도 있다.

소호, 제곡, 요순 임금은 모두 100살을 넘게 살았고, 특히 팽조는 800살로 은나라 때에 이미 700여 살로 대부가 되었지만 정사에는 관여하지 않았다고 하며, 동방삭의 아버지 장이는 1100살에도 얼굴이 어린아이와 같았다고 한다. 이 밖에도 100살을 넘어 200여 살에 이르는 많은 사람들을 나열하고 있는데, 한편으로는 재능은 있었지만 10−30대의 어린 나이에 요절한 사람들에 대해서도 기록하고 있다. 중국 인물들뿐만 아니라 우리나라의 수로왕 159살, 고구려 태조왕 119살, 장수왕 100살을 비롯하여, 일본의 대신 무내는 307살까지 살았던 것도 적고 있다.

부유함에 대해서는 집에 부리는 종의 숫자가 수천 명에서 만 명에 이르는 사람들과 한 번 식사할 때에 드는 비용이나 요리사 인원, 그릇 숫자 등을 통해 그 규모를 설명하고 있다.

제9 변이(變異) 36항목

변이(變異)는 오늘날로 하면 기상이변(氣象異變)을 비롯하여 여러 가지 기이한 일들을 기록해 둔 것이다. 창힐이 글자를 만들고 나자 하늘에서 곡식비가 내렸다든가, 요임금 때에 열 개의 태양이 나타나 초목이 마르고 타 죽었다든가, 상나라 주임금 때에 고기비[肉雨], 피비[血雨], 흙비[土雨] 등이 내렸다든가, 6월에도 눈이 내리고, 서리가 끼는 등 기상이변을 적고 있다. 또한 사슴이나 물고기, 곡식, 꽃 등이 비로 내리는 현상은 회오리바람에 쓸려 올라갔던 것이 다른 지역에 내리는 현상으로 설명될 수도 있을 것이다. 이 밖에도 말이 사람을 낳았다든가, 여자가 변해서 남자가 되거나 남자가 여자로 변하는 등 성(性) 변이 현상, 사람이 죽어서 매미나 나방으로 변하는 등 비정상적인 현상이나 사건까지도 적고 있다.

제10 전운(傳運) 23항목

전운(傳運)은 역대 왕조의 왕통 계승을 왕조명과 왕의 이름을 나열함으로써 왕통이 어떻게 전해지고 있는가를 보여주고 있다. 여기서는 중국의 역사를 싣고 있으며, 우리나라의 왕통은 부록에서 동국(東國)으로 다루고 있다. 중국사의 경우, 삼대 이전의 전설시대부터 다루고 있는데, 반고씨-천황씨-지황씨-인황씨로 이어지는 상고기(上古紀)를 비롯하여, 오룡기-섭제기 등 10시기로 나누고 있으며, 역사시대는 하은주 삼대를 포함하여 진-한-진(晉)-남북조(송제양진)-수-당-송-원-명-청으로 이어지고 있다. 청대의 인종(仁宗)을 지금의 황제로 끝맺고 있다는 점에서 이 책의 저술시기도 인종의 재위기간인 1796년에서 1820년 사이로 볼 수 있다.

붙임 동국(東國) 10항목

우리나라의 역사는 단군-기자-위만(조선)으로 이어지는 고조선과 삼국-고려-조선의 순으로 역대 왕조의 왕통 계승 및 왕의 이름을 나열하고 있다. 다만, 조선시대의 왕은 정조(正祖)까지는 재위 기간과 능호(陵號)가 아울러 표기되어 있다.

부록1 수휘(數彙) 109항목(天篇 26, 地篇 18, 人篇 65)

숫자로 이루어지는 단어들을 정리해 놓은 것으로, 부록이지만 항목 분량은 전체의 20% 가까이 된다. 내용은 다시 천지인(天地人)으로 구분하여, 천편(天篇)에는 일원(一元)으로부터 시작하여 이기(二氣), 삼재(三才), 사시(四時), 오방(五方), 육율(六律), 팔괘(八卦), 구천(九天), 10간(干), 12지(支), 24기(氣), 28숙(宿), 64괘, 365도(度) 등으로 나가며, 지편(地篇)에서는 삼신산(三神山), 사계(四界), 사해(四海), 오행(五行), 오방(五方), 오악(五岳), 오곡(五穀), 육축(六畜), 칠보(七寶), 팔음(八音), 구주(九州) 등을, 그리고 마지막 인편(人篇)에서는 삼생(三生), 삼교(三敎), 삼강(三綱) 등과 사군(四君), 사민(四民), 사우(四友), 오륜(五倫), 오복(五服), 오복(五福), 오장(五臟), 육부(六腑), 육친(六親), 육덕(六德), 칠거(七去), 칠웅(七雄) 등 일상생활에 관련된 교육과 예절, 신체 장기와 관직 등 다양한 내용 등을 숫자로 정리해 놓고 있다.

부록2 보유(補遺) 4항목 등 총 528항목

　마지막 장인 보유는 공자를 비롯한 130명의 문묘 배향자 명단과 전국시대 이래 역사상 이름을 떨친 장수들 93명, 진(晉)나라 때 왕희지가 주최한 난정회(蘭亭會)에 참가한 명사 41명의 명단, 당시 우리나라에 존재하던 300 성씨 목록(11개의 두 글자 성 포함)이 나열되어 있다. 이 마지막 항목은 '동방성보(東方姓譜)'로, 당시의 성씨를 연구할 수 있는 중요한 자료가 되고 있다.

3. 『아희원람』의 성격

　『아희원람』은 일반적으로 동몽교재로 보고 있다. 그러나 조선시대에 동몽교육(童蒙敎育)이라 하면, 어른의 배움[大人之學]인 『대학(大學)』을 통해 경학(經學)을 배우기 이전, 즉 대략 8살에서 15살 이하를 대상으로 공부하는 단계를 말한다. 이때 동몽교육을 위한 몽학(蒙學)[23] 교재는 크게 문자교육용 교재와 문장교육용 교재로 나누어 살펴볼 수 있다. 그동안 『아희원람』을 소개하거나 연구하고 있는 자료들을 보면, 『아희원람』의 성격에 대하여 서로 다른 입장을 보여주고 있다. 연구사적 맥락에서 보면, 초기의 교양서 혹은 사전적 성격이 점차 교육용 교재로 간주되는 경향을 보여주고 있으나, 박연호의 논문(2004)에서는 이러한 초학용 기본교재라는 관점에 의문을 제기하고 있다. 『아희원람』의 성격에 관한 논의를 그 대상과 용도를 기준으로 정리해 보면, 다음 <표1>과 같이 네 가지로 나누어 살펴볼 수 있다. 즉 대상을 기준으로는 아동용(兒童用)인가 일반 중인용(衆人用)인가로 나누고, 용도를 기준으로는 '기본교재'인가, '보조자료'인가로 나눌 수 있다.

---

23) 조선시대에 몽학(蒙學)이라 하면, 몽고(蒙古) 및 몽골어에 관한 학문과 동몽(童蒙)에게 한학을 지도하는 두 가지 뜻을 가지고 있다. 특히 조선왕조실록에 몽학이라는 단어가 많이 보인다.

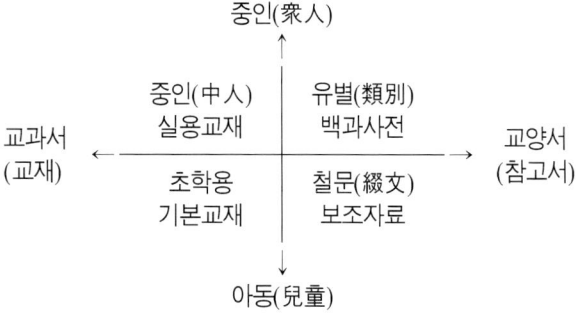

〈표1〉『아희원람』의 성격에 관한 논의

중인(衆人)

중인(中人)
실용교재　　　　유별(類別)
　　　　　　　　백과사전

교과서　　　　　　　　　　　　　　교양서
(교재)　　←　　　　　　　　→　　(참고서)

초학용　　　　　철문(綴文)
기본교재　　　　보조자료

아동(兒童)

　첫째는 한국의 문화사적 맥락에서 정리되는 풍속관계 유서(類書)의
하나로 일종의 생활교양서 혹은 사전(辭典)으로 보는 시각이다. 조선총
독부중추원 편저(1996중간)의 『(李朝各種文獻)風俗關係資料撮要上』에는
경국대전, 대전회통 등의 법전류와 증보문헌비고, 동국여지승람, 연려실
기술, 지봉유설, 용재총화, 동국세시기 등 215권의 풍속관계 자료들이
『아희원람』과 함께 수록되어 있다. 또한 국립중앙도서관에서 1978.1.5.
부터　3.31.까지　전시하였던 『古辭典展示目錄』에　의하면, 고사전(古辭
典)들을 운서(韻書) 14종, 옥편(玉篇) 23종, 그리고 유서(類書)·유별변
전(類別辭典) 31종으로, 『아희원람』은 세 번째의 유서·유별변전에 들
어 있다. 유별변전이란 단어들을 종류별로 나누어 판별해 주는 일종의
용어사전이라 할 수 있다. 두산세계대백과(EnCyber)에서도 '장혼'으로
단어검색을 해보면, ≪아희원람(兒戱原覽)≫과 ≪몽유편(蒙喩篇)≫ 등
을 사전류로 규정하고 있다.

　둘째는 문학교육과 작시(作詩)를 위한 초학자들의 철문(綴文) 참고교
재 혹은 학습보조자료로 보는 시각이다. 이응백은 『開化期 以前의 言
語·文字教育의　研究』(1973)의　제3장 '基礎課程에 쓰인 教材들의 檢
討'에서 『아희원람』을 국어교육의 학습보조자료로 규정하였다.[24] 김세

24) 1. 文字 및 語彙教育을 위한 教材들: 천자문(千字文)과 유합·자회류(類合·字
　　會類) ① 類合 ② 順蒙字會 ③ 新增類合 ④ 兒學編 ⑤ 幼學字聚 ⑥ 蒙學

한(1981)의 「조선조 초학교재 연구」는 먼저 초학교재 41권을 수집·분석하여, 초학교재를 주 교재(이것은 다시 문자교재와 교양교재로 세분)와 참고교재로 분류하고 있다. 주 교재는 학습용 교본에 해당하지만, 참고교재는 수업상황에서 선생과 학생이 같이 읽는 책이 아니고 단지 교수자의 편익과 학습자의 참고에 도움을 주는 것으로, 『아희원람』과 『몽유편』이 모두 이에 해당한다는 것이다. 특히 박연호는 『아희원람』의 성격을 '초학자를 위한 유서(類書)'라 하여 요즘 표현으로는 '청소년을 위한 일반상식서'로 규정하고, 그 용도를 '철문(綴文)'이라 불리는 작시(作詩) 내지 작문을 돕기 위한 '참고서'(2004: 27-29)라 하였는데, 이는 장혼이 무엇보다도 시인이었다는 점과 『아희원람』의 서문에 주목하고 있기 때문이다.[25] 『아희원람』의 제7장 재민(才敏)의 마지막 항목에서도 "그림의 힘은 500년을 가고, 글씨의 힘은 800년을 가고, 문장의 힘은 아무리 오래되어도 길이길이 새롭다."고 하였다. 그림이나 글씨보다 그가 문장의 중요성에 주목하고 있음을 보여주는 것이다. 특히 장혼은 천수경(千壽慶)과 함께 송석원시사(松石園詩社)를 이끌면서 그의 교육적 관심도 주로 한시(漢詩)를 짓는 능력을 길러주는 것이었다고 추측해 볼 수 있다. 실제로 『아희원람』을 편찬할 때 참고한 문헌의 범위를 보여준다고 할 수 있는 100종의 소장 도서목록에서도 자서(字書)와 운서(韻書)를 포함한 문학서가 37%, 경서(經書) 및 성리서가 19%, 역사서가 17%, 제자백가서가 16%, 기타 11%로 역시 문학서의 비중이 제일 크다(박연호, 2004: 29). 이렇게 본다면 『아희원람』의 성격은 용도상으로는 작시를 위한 철문(綴文) 보조자료적 성격을 말하지만, 구체적 내용으로는 바로 앞에서 살펴본 유별(類別) 백과사전적 성격도 갖고

二千字), 2. 입문적 교재: 童蒙先習과 擊蒙要訣 등, 3. 學習補助資料: 初學字訓增輯 兒戲原覽, 蒙喩篇 諺解類 등. 이응백(1973) 및 이응백(1975).

25) "근거를 댈 수 있는 古今의 事實과 詩文을 모았으며, 제가(諸家)의 설과 여러 책들을 그러모아 인쇄에 부쳐 공부하는 사람들로 하여금 견문을 넓히는 밑천으로 삼게 하고자 한다" 『아희원람』 서(序)

있다고 할 수 있을 것이다.

셋째는 조선 후기 사회분위기의 실학주의적 변화 속에서 새롭게 요구되는 탈교화적 '초학교재(初學敎材)'로 보는 시각이다. 1980년대 중반부터 나타난 시각으로, 앞의 김세한(1981)이 『아희원람』을 초학교재 중 하나로 보면서도 '부교재'로 간주한 것에 반해, 이제는 『아희원람』이 서당의 수업용 교재로 사용하기 위하여 또는 그렇게 사용되리라 기대하면서 만든 책이라는 시각이다. 이원호(1985: 4, 최용준, 2001: 4 재인용)는 『아희원람』을 "성리학 중심의 교재구성의 테두리를 벗어난, 도시적 분위기 속에서 탄생된, 평민생활과 밀착된 교재 구성으로 전환되는 하나의 이정표"라는 적극적인 평가를 하였고, 윤병태(1985)는 문헌 기록상에 나타난 순조시대나 그 이전의 초학교재 16종 중에서 장혼의 저작이 1/4을 차지함을 서지학적으로 밝혀줌으로써, 『아희원람』의 초학교재적 성격을 뒷받침해 주었다. 정순우의 박사학위논문(1987)인 「18세기 서당연구」는 이러한 흐름을 이어받아, 『아희원람』의 내용상 특징을 ① 탈명륜적 경향, ② 신화·민담의 소개, ③ 국속·민속의 강조로 정리하였다. 박연호(2004: 26−27)는 정순우의 박사학위논문의 영향으로 『아희원람』이 실제로 18세기 이래 서당에서 광범위하게 사용되는 초학교재라는 고정된 시각을 갖게 되었다고 비판하고 있다. 김영문(1993)의 석사학위논문(「장혼의 초학교재 연구」)을 비롯하여, 우용제의 "개량된 초학교재"(1995: 32−33)라는 성격규정 이후, 박연호의 2004년 성격규정 문제제기 때까지 대부분의 학위논문들은 아무런 고심 없이 제목에서부터 『아희원람』을 초학교재로 간주하여 왔다.[26]

---

26) 최용준(2001), 「장혼의 교육활동과 초학교재의 특성」, 안동대학교 교육대학원 석사학위논문(한문교육전공), 고경민(2005), 「장혼과 정약용의 아동교육관 비교연구: 초학교재를 중심으로」, 한국교원대학교 교육대학원 석사학위논문(교육철학 및 교육사전공) 등. 특히 고경민은 논문에서 "장혼은 아희원람과 몽유편을 시작으로 다양한 종류의 초학교재를 편찬하게 되는데," (고경민, 2005: 2)라고 하여, 이율곡의 격몽요결이나 박세무의 동몽선습과 같은 16−17세기에 편찬된 초학교재들이 18세기 이후의 실학시대에 대비

다만, 이문원(1993)은 『아희원람』은 "장혼의 아동교육서"라 규정하고, 그 특징으로 전통적 진유(眞儒) 양성에서 벗어나 아동을 학습주체로 인식하며, 생활주변의 다양한 기초상식을 다원화하고 백과사전식으로 구성하여 현대적인 교육과정의 틀에서 보아도 손색이 없다고 표현하여, 초학용 기본교재와 보조교재의 중립적 입장을 견지하고 있다.

넷째는 『아희원람』을 중인층의 직업교육에 필요한 기초교본으로 보고, 교육대상도 중인자제로 한정하는 시각이다. 박정순(1985)은 기술관 중인층이 받는 교육을 ① 일반적 유교 윤리규범 교육, ② 기초 백과사전식 교육, ③ 전문기술교육의 세 단계로 나누고, 첫 번째 단계에는 동몽선습(童蒙先習)이나 계몽편(啓蒙篇) 등의 유학 수신서를 통해 유교적 윤리규범을 먼저 배우고, 기술관이 되기 위한 취재나 과시에 응시할 수 있는 지식의 기초를 『아희원람』과 같은 백과전서로 익혔다고 주장했다(박연호, 2004: 4 재인용). 「조선후기 기술관 교육 연구」를 통해, 『아희원람』의 성격을 동몽선습(童蒙先習)과 비교 분석한 것은 의미 있지만, 아직은 심증수준으로 기술관 취재나 잡과에 응시할 사람들이 이책을 공부했다는 뚜렷한 증거를 제시하고 있지 못하다는 한계로 인해, 다른 연구자들로부터 지지를 받지 못하고 있다.

특히 김영문은 『아희원람』을 서지학적으로 분석하여, 활자본(2종류)·목판본(13종류)·필사본(2종류)·개정판 이본(異本: 11종류) 등이 다양하게 존재하고 서울과 전주, 그 이외의 다양한 지역에서 발견되며 상업적 유통이 있었던 것으로 보아 널리 보급되었을 것으로 추정하고 있다. 특히 어느 일정한 계급을 대상으로 하는 교재라기보다 보편적 교재로, 1910년을 전후하여 서당을 통한 민족교육이 크게 일어나던 시기에 많

한 인간상의 정립에 적합하지 않다는 시대적 요청으로 인해 장혼과 정약용은 초학교재를 편찬하게 되었다고 기술하고 있다. 예외적으로 이은경(2005.2), 「장혼의 동몽 교육서 분석」, 광주교육대학교 교육대학원(초등교육행정 전공)이 있다. 이는 논문지도교수인 박연호의 초학용 기본교재에 대한 비판적 시각의 영향을 받은 때문으로 보인다.

이 간행·보급되고 있다는 점에 주목하여 일반인들에게 더욱 많이 수용 되었을 것으로 보고 있다(1993: 28-32). 다만, 서당에서 교재로 사용되 었다는 적극적 증거가 아직 없다는 점에서 『아희원람』의 성격을 '초학 용 기본교재' 혹은 '중인용 실용교재'의 어느 쪽도 확실하게 말하기 어 렵다.

이상의 논의를 정리해 보면, 『아희원람』의 성격에 관한 연구가 시대 에 따라 변화되어 왔음을 알 수 있다. 일제 강점기 조선총독부에서 간 행한 자료나, 1970년대 국립중앙도서관에서 구분하고 있는 『아희원람』 은 풍속관계의 고(古)사전류, 즉 유서(類書)·유별변전(類別辭典)에 속 하는 것이었고, 이러한 규정은 오늘날에도 백과사전을 통해 여전히 확 인할 수 있다. 이에 반해, 국어교육자 이응백(1973)이나 김세한(1981), 박연호(2004) 등은 『아희원람』을 문학교육을 위한 보조자료, 즉 서당교 육에서의 주교재가 아닌 참고서 정도로 규정하고 있다. 이러한 시각은 『아희원람』이 정규 학교교육의 교재라기보다 백과전서적 다양한 지식 을 풍부하게 하여 한시(漢詩)를 잘 지으려는 교양서적 성격을 강조하 는 것이다. 한편 1980년대 중반부터는 내재적 근대화 이론과 관련하여 『아희원람』을 조선 후기 실학주의 풍토 속에서 의도적으로 만들어 사 용하게 된 '교재'로 보려는 시각이 두드러지고 있다. 서지학자 윤병태 (1985)와 교육사학자 이원호(1985), 정순우(1987) 등은 '초학교재'로 보 는 입장이며, 박정순(1985)은 기술관이 되기 위한 중인(中人)들의 취재 나 과시(科試)에 필요한 백과사전식 교재로 보고 있다.

논란이 되는 것은, 각각의 주장들이 어느 정도 중복되는 부분이 있 음에도 불구하고 확인되지 않는, 확인되기 어려운 각각의 가능성을 부 정하거나, 자신의 입장에서 『아희원람』의 성격을 이것이라 단정하는 자 세일 것이다. 오히려 『아희원람』의 성격은 1800년 초에 만들어진 이후 시대적 변화 속에서 이 모든 가능성을 적절히 수행하며 발전해 왔을 수도 있다. 즉 장혼에 의해 처음 간행될 당시의 『아희원람』 성격이 200여 년이 지난 오늘날까지 변함없이 그대로 유지되기를 기대하는 것

자체가 무리일 수 있다. 오늘날 우리가 『아희원람』에 관심을 갖는 것은, 조선시대 사람들이 보는 자연관과 세계관, 지리·역사와 같은 사회관과 인간관 등을 확인하고 오늘날 우리가 알고 있는 지식들과 비교해 보기 위함이다. 더 이상 동몽을 위한 초학교재도 아니며, 한시(漢詩)를 짓기 위한 해박한 지식을 얻기 위함도 아니다. 오히려 학자들의 연구대상이며, 잃어버린 우리 자신을 찾기 위한 학문적 호기심과 노력이기도 하다. 따라서 시대적 변화에 따라, 『아희원람』의 성격은 어느 정도 변화되는 것이 당연하며, 그렇기 때문에 오늘날에도 번역출간을 통해 그 생명력을 이어가는 것일 수 있다. 19 - 20세기 초반까지 서울과 전주 등지에서 여러 번 간행되어 다양한 판본이 있다는 사실은, 그만큼 『아희원람』에 대한 사회적 수요가 지속되고 있었음을 의미한다. 특히 일제 강점기를 맞아 나라를 잃게 되는 1906년에서 1917년 사이에 집중적으로 『아희원람』이 간행되었다는 점은, 이 시기 서당의 확산 속에서 『아희원람』이 민족교육을 위한 초학교재로 이용되었다 하더라도 전혀 이상할 것이 없다고 생각된다.

<참고자료>

강명관, 『而已广集 解題』, 여항문학총서2, 서울: 여강출판사, 1986. 13쪽,
    15－16쪽.

박성수, "한국의 페스탈로찌 장혼"「조선일보」1981.10.27일자 6면.

정순목, 『한국 유학교육 자료 集解』I(童蒙教育篇), 서울: 학문사, 1983,
    27－30쪽.

安自山 平民文學を建設した張混先生(一) (朝鮮思想通信, No.926, 1929)

安自山 平民文學を建設した張混先生(二) (朝鮮思想通信, No.927, 1929)

安自山 平民文學を建設した張混先生(三) (朝鮮思想通信, No.928, 1929)

安自山 平民文學を建設した張混先生(四) (朝鮮思想通信, No.929, 1929)

安自山 平民文學を建設した張混先生(五) (朝鮮思想通信, No.930, 1929)

安自山 平民文學を建設した張混先生(六) (朝鮮思想通信, No.931, 1929)

安自山 平民文學を建設した張混先生(七) (朝鮮思想通信, No.932, 1929)

<참고문헌>

국립중앙도서관(1978), 『古辭典展示目錄』, 서울: 국립중앙도서관.

법제처(1979), 『古法典用語集』. 법제자료 제110집.

서울대학교(1993), 『奎章閣韓國本圖書解題. 제1집, 經·子部』 서울大學校
    奎章閣.

이응백(1973), 『開化期 以前의 言語. 文字教育의 研究』, 서울: 新丘文化社.

이응백(1975), 『國語教育史』, 서울: 新丘文化社.

정순목(1985), 『朝鮮時代의 教育名著巡禮』, 培英社.

朝鮮總督府中樞院 편저(1996重刊), 『(李朝各種文獻)風俗關係資料撮要上』,
    서울: 民俗苑.

장재식, 장지연(1922), 『逸士遺事』, 京城: 涯東書館, (서울, 태학사, 1979).

고경민(2005), 「장혼과 정약용의 아동교육관 비교연구: 초학교재를 중심으
    로」, 한국교원대학교 교육대학원 석사학위논문.

김세한(1981), 「조선조 초학교재 연구」, 계명대학교 교육대학원 석사학위논문.

김영문(1993a), 「張混의 初學教材 研究」, 성균관대학교 교육대학원 석사학

위논문.

김영문(1993b), "장혼(張混)의 초학(初學) 교재 연구", 『한문교육연구』, Vol.7 No.1.

박정순(1984), 「조선후기 기술관교육 연구」, 한국정신문화연구원 부속대학원 석사학위논문, 교육학전공.

서원경(2003), 「18세기 사회변화 속에서의 서당의 역할」, 이화여자대학교 대학원 석사학위논문 사회생활학과.

신복호(1990), 「張混의 文學世界」, 고려대학교 교육대학원 한문교육 전공.

우용제(1995), 「조선후기 교육개혁론 연구」, 서울대학교 박사학위논문.

윤병태(1985), "조선 純祖代 訓蒙書考―이이엄 저작을 중심으로", 『동방학지』 46·47·48합집, 연세대학교 국학연구원.

윤병태(1994), "평민 장혼(張混)의 편찬서와 간행서" 『서지학연구』, Vol.10 No.1.

이문원(1993), "張混의 兒戲原覽에 나타난 兒童教育論", 中央大學校 韓國教育問題研究所 論文集, 第8號(牧亭 柳基燮 博士 停年退任 紀念號).

이원호(1985), "장혼-아희원람", 『문교행정』 48.

이은경(2005.2), 「장혼의 동몽 교육서 분석」, 광주교육대 교육대학원 초등교육행정 전공.

박연호(2004), "장혼의 교육론 연구:『兒戲原覽』의 성격을 중심으로", 『교육사학연구』 제14집.

정순우(1987), 「18세기 서당교육 연구」, 한국정신문화연구원 부속대학원 박사학위논문.

최용준(2001.8), 「張混의 教育活動과 初學校材의 特性」, 안동대 교육대학원 한문교육전공.

제1부

구체적인 자연 · 사회현상

제1장 형기(形氣)

1. 태역(太易)은 아직 기(氣)가 드러나지 않은 때이다. 태초(太初)는 기가 시작되는 때이다. 태시(太始)는 형(形)[1]이 시작되는 때이다. 태소(太素)는 질(質)[2]이 시작되는 때이다. 나뉘지 않았을 때는 기를 혼륜(混淪)[3]이라 한다. 나뉘고 난 뒤에는 기를 천지(天地)라고 한다.

太易 未見氣也. 太初 氣之始也. 太始 形之始也. 太素 質之始也. 自其未分而言 謂之混淪. 自其旣分而言 謂之天地.

2. 건곤(乾坤)은 태극(太極)이 변하여 양의(兩儀)가 된 것이다. 그 기(氣)는 아직 나뉘지 않아 뒤섞여 있으나 청(淸)과 탁(濁)이 이미 나뉘었다. 하늘의 모양은 마치 계란과 같다. 하늘은 크고 땅은 작은데 밖과 안을 이룬다. 수기(水氣)가 가운데를 가득 채우고 있다. 움직임은 마치 수레바퀴의 움직임과 같다.

乾坤者 太極之變兩儀. 未分其氣渾淪淸濁旣分. 天形如鷄子. 天大地小 表裏有水氣充其中 運如車轂之運.

3. 하늘[天]은 물과 땅의 기 중에 가볍고 맑은 것이 떠올라서 큰 활 모양으로 둥글게 휘어진 것이다. 마치 엎어 놓은 밥그릇처럼 땅의 표면을 덮어씌우고 있다.

天者 水土之氣輕淸而升浮穹窿 如覆盆冒地之表.

4. 땅[地]은 물과 땅의 기 중에 무겁고 탁한 것이 가라앉아 엉긴 것

---

1) 형은 사물의 모양, 형상을 의미한다.
2) 질은 사물의 형체를 이루는 질료, 또는 재료, 물질을 의미한다.
3) 혼륜(混淪)＝혼륜(渾淪), 혼돈(混沌)

이다. 기(氣)를 타고 있으며, 물[水]에 실려서 떠 있다.

地者 水土之氣重濁沈凝. 乘氣而立 載水而浮.

5. 사람[人]은 천지(天地)의 쌓인 기 중에 오행(五行)의 뛰어난 기로 이루어진 존재로, 모든 만물 중 가장 신령한 존재이다.

人者 天地儲精 得五行之秀 靈於萬物.

6. 해[日]는 태양(太陽)의 정기로 임금의 형상이다. 해에는 까마귀가 있는데 발이 셋이다.

日者 太陽之精 君象. 日中有踆烏三足.

7. 달[月]은 태음(太陰)의 정기이다. 달에는 토끼(兎)가 있다. 달의 뛰어난 정기가 쌓여서 짐승이 된다.

月者 太陰之精. 月中有兎. 月宗之精 積而成獸.

8. 별[星]은 양(陽)이 빛나는 것이다. 산천의 정기(精氣)와 만물의 정기가 올라가서 별이 된다.

星者 陽之榮. 山川之精氣 萬物之精 上爲星.

9. 구름[雲]은 산천의 기(氣)이다. 음기와 양기가 모여서 구름이 된다.

雲者 山川氣也. 陰陽聚而爲雲.

10. 비[雨]는 천지 사이에 쌓인 음기가 따뜻해져서 만들어진다. 비는 음기와 양기가 조화되면 만들어진다.

雨者 天地積陰溫則爲雨. 陰陽和而成.

11. 서리[霜]는 음기(陰氣)가 강해지면 만들어진다. 이슬이 차가워지면 서리로 변한다.

霜者 陰氣勝則爲霜. 卽露寒而變.

12. 눈[雪]은 천지에 쌓인 음기가 차가워져서 만들어진 것이다. 음기와 양기가 뭉쳐서 된 것으로, 오곡의 정기가 된다.

雪者 天地積陰 寒則爲雪 陰陽凝而成爲五穀之精

13. 바람[風]은 천지가 만들어 내는 것이다. 천지가 노하면 바람이 만들어지는데, 대지가 기를 내뿜는데 그것을 바람이라고 한다.

風者 天地之使. 天地怒而爲風 大塊噫氣 其名曰風.

14. 천둥[雷]은 음기와 양기가 서로 다가가 감응하여 만들어지는 것이다. 연달아 울리는 모습이 마치 북을 치는 것 같고, 왼쪽에서 끌어당기고 오른쪽에서 미는 형상이다.

雷者 陰陽相薄感而爲雷. 狀欒欒如運鼓形左引右[4])推.

15. 번개[電]는 음기와 양기가 땅 밑에 숨어 있다가, 양기가 올라가 하늘에 통하고 음기와 양기가 서로 다가가 부딪쳐서 번개가 만들어진다.

電者 陰陽伏重泉 陽上通於天 陰陽相薄激而爲電.

16. 무지개[虹]는 음기와 양기가 조화를 이루지 못하면 생겨난다. 그 기운이 선명하고 성대하면 수[雄] 무지개이고, 어렴풋하면 암[雌] 무지개이다.

虹者 陰陽不和卽生. 此氣 鮮盛者爲雄 闇者爲雌.

17. 놀[霞]은 곤륜산(崑崙山)에 다섯 색깔의 물[五色水]이 있는데, 붉은색 물 기운이 증발해서 올라가면 '놀'이 된다.

霞노을崑崙山有五色水 赤水之氣 上蒸爲霞.

---

4) 저본에는 左로 되어 있고, 완산중간본에는 右로 되어 있는데, 右가 맞음.

18. 안개[霧]는 온갖 사기(邪氣)인데 음기가 양기를 덮은 것이다. 땅에 뿌리가 있지만 하늘에서 떠다닌다.

霧者 百邪之氣 爲陰冒陽. 本于地而行于天.

19. 은하수[天河星]는 원기(元氣)의 빼어난 것으로 물의 정기이다. 기(氣)가 발동하여 올라간 것이고 기의 정화(精華)가 위에 떠오른 것이다.

天河星爲元氣之英 水之精也. 氣發而升 精華上浮者.

20. 하늘[天]에는 아홉 층이 있다. 가장 위는 별이 다니는 길이고, 그 다음에는 해가 다니는 길이며, 가장 밑에 달이 다니는 길이다.

天有九層 最上爲星行 其次爲日行 最下爲月行.

21. 해의 둘레는 크고 달의 둘레는 해에 비해 비교적 작다.

日輪太5) 月較少.

22. 달 속에 물결무늬 사물이 있는데 바로 산과 강[山河]이 비친 그림자이고, 그 속에 비어 있는 곳은 바닷물[海水]이 비친 그림자이다. 또 말하기를 두꺼비[蟾]와 계수나무[桂]는 땅이 비친 그림자이고, 비어 있는 곳은 물이 비친 그림자이다.

月中有物 婆娑乃山河影 其空處 海水影. 又曰蟾桂地影也 空處水影也.

23. 오행(五行): 검은 기[玄氣]가 공중에 응결하여 물의 기가 비로소 생긴다. 붉은 기[赤氣]가 공중에서 빛나서 불의 기가 비로소 생긴다. 푸른 기[蒼氣]가 공중에 떠올라 나무[木]의 기가 비로소 생긴다. 흰 기[素氣]가 공중에 가로질러 쇠[金]의 기가 비로소 생긴다. 누런 기[黃氣]가 공중에 중간에 모여 흙(土)의 기가 비로소 생긴다.

---

5) 완산중간본에는 犬으로 되어 있음.

五行者 玄氣凝空水始生也. 赤氣炫空火始生也. 蒼氣浮空木始生也.
素氣橫空金始生也. 黃氣際空土始生也.

24. 만물(萬物): 천기(天氣)가 내려오고, 지기(地氣)가 올라가고 암수
[男女]가 교합하면 만물이 변화하고 생겨난다.
　萬物者 天氣下降 地氣上升 男女媾精 萬物化生.

제2장 창시(創始)

1. 화식(火食): 옛날에는 나무열매를 먹고, 피를 마시며 짐승을 먹었다. 수인씨(燧人氏)가 나무에 구멍을 내어 불을 얻어 삶아먹고 구워먹는 법을 가르쳤다.

火食 古世食木實飮血茹毛. 燧人氏鑽木取火教烹炊.

2. 의복(衣服): 황제(黃帝)의 신하 호조(胡曹)가 만들었다. 옛날에는 머리카락을 묶어 머리를 장식했고 잡초로 옷을 만들어 몸을 가렸다.

衣服 黃帝臣胡曹爲之. 古世絢髮潤首蔽皮衣薪.

3. 옥려(屋廬): 옛날에는 동굴과 들판에서 살았다. 유소씨(有巢)[6]가 나무 위에 집 만드는 것을 가르쳤고, 고황씨(古皇氏)가 비로소 문이 달린 오두막 짓는 법을 가르쳤다.

屋廬 古世穴居野處. 有巢教架橧 古皇氏始教廬扉.

4. 궁실(宮室): 황제(黃帝)가 만들었다. 기와집은 걸임금이 처음 만들었다. 하(夏)나라 걸임금 이전의 궁실은 모두 띠로 이은 집이었다.

宮室 黃帝作. 瓦室桀始爲之. 夏桀以前宮室皆茅.

5. 경운(耕耘): 신농씨(神農氏)가 나무를 깎아 보습(쟁기날)을 만들고, 나무를 휘어서 쟁기를 만들었으며 씨를 뿌리는 것을 가르치기 시작했다.

耕耘 神農氏斲木爲耜 揉木爲耒 始教種谷^{穀同}.

---

6) 새가 보금자리를 만들고 사는 것을 보고 사람들에게 집을 만들 것을 가르쳐주었다는, 중국의 전설적 성인.

6. 잠상(蠶桑): 황제(黃帝)의 정비(正妃)인 서능씨(西陵氏)가 처음 가르쳤다.

蠶桑 黃帝正妃西陵氏始教.

7. 가취(嫁娶): 아주 옛날[上古]에는 베와 비단[布帛]이 없었고 새의 깃과 짐승의 가죽으로 옷을 만들었다. 그러므로 복희(伏羲)가 한 쌍의 사슴가죽[儷皮][7]을 혼인의 예물로 삼도록 하였다.

嫁娶 上古未有布帛 衣鳥獸皮. 故伏犧制以儷皮爲禮.

8. 매작(媒妁): 여와[8]가 태호를 도와 혼인(婚姻)을 바르게 하고 중매쟁이로 왕래했다. 여와를 신매(神媒)라 한다.

媒妁 女媧佐太昊正昏姻通媒妁. 是爲神媒.

9. 서계(書契): 복희(虙羲)가 처음으로 만들었다. 나무를 깎아 글자를 새기는 것을 이른다. 예전에는 문자가 없었기에, 끈을 묶어 사실을 기록하였다.

書契 虙羲始造. 謂刻木書字. 古未有文字 結繩以記事.

10. 자법(字法): 사황씨(史皇氏) 형제가 세 사람이다. 한 명은 축국자(竺國字)를, 또 한 명은 천궁자(天宮字)를, 막내 창힐(蒼詰)[9]은 중국문

---

7) 한 쌍의 녹비(鹿皮). 婚禮의 납폐(納幣)로 쓰였다. 『동아한한중사전』
8) 중국의 천지 창조 신화에 나오는 여신. 『회남자(淮南子)』에 의하면 아득한 옛날에 하늘을 떠받치고 있던 네 기둥이 쓰러져서 천지가 무너지고 홍수가 났을 때 여과가 오색돌을 빚어서 하늘을 메우고 큰 거북의 다리를 잘라 기둥을 삼아 하늘을 떠받치고 갈짚의 재를 쌓아 물을 빨아들였다고 함. 『楚史』에는 황토를 빚어서 사름을 창조하였다고 함. 한대(漢代) 문헌에는 인면(人面)사신(蛇身)이며 복희(伏犧)의 아내, 또는 누이동생이라 함. 『현문판 한국어대사전』
9) 창힐(蒼詰): 중국 고대의 전설적 인물. 黃帝의 사관으로서, 모래 위에 남겨진 새의 발자취를 보고 처음으로 문자를 고안해 냈다고 전함.

자(華字)를 지었다.

字法 史皇氏兄弟三人 一造竺國字 一造天宮字 季爲詰造華字.

11. 서적(書籍): 진(秦)나라 이전에 이미 죽간(竹簡)으로 책을 만들었다. 한(漢) 이후에는 겸백(縑帛)과 같은 비단에 옮겨 적었다. 오대(五代) 때 풍도(馮道)가 비로소 판목(版木)에 새겼다.

書籍 秦已上刊竹簡. 漢後縑帛傳寫. 五代馮道始錄梓.

12. 그림[畵]: 사황씨(史皇氏)가 만들었다. ○ 신라의 중 솔거(率居)는 벽에 소나무를 그려놓았는데, 종종 참새가 날아들었다.

畵 史皇氏作. ○ 新羅僧率居畵松於壁 鳥雀往往飛入.

13. 주수(籌數): 황제(黃帝)가 예수(隷首)를 시켜 만들었다.

籌數 黃帝使隷首作.

14. 역서(曆書): 황제가 용성(容成)을 시켜 만들었다.

曆書 黃帝使容成作.

15. 육갑(六甲): 황제(黃帝)가 대요(大撓)에게 명하여, 초저녁에 북두칠성의 자루 부분[斗柄][10]이 달을 가리키는 것을 살펴서 천간(天幹) 10개와 지지(地枝) 12개를 정하고 이를 조합하여 60갑자를 만들었다. ○ 천황씨(天皇氏)가 처음으로 옛 간지(干支)로 연도를 정했다. 십간은 십모(十母)라고도 하며, 십이지는 십이자(十二子)라고도 한다.

六甲 黃帝命大撓 驗斗柄初昏所指月建 以天幹十地枝十二配爲六十甲子. ○ 天皇氏始制古干支定歲所在. 十干亦曰十母 十二支亦曰十二子.

---

10) 북두칠성을 국자 모양으로 보았을 때, 그 자루가 되는 자리에 있는 세 개의 별.

16. 윤삭(閏朔): 요(堯) 임금 때에 정원에 풀이 자라났는데, 15일 이전에는 하루에 잎사귀가 하나씩 생겨나고, 그 뒤에는 하루에 하나씩 잎사귀가 떨어졌다. 달이 작아 없어졌는데도 잎사귀 하나가 계속 남아 있는 것을 보고, 순삭(旬朔)11)을 알아 윤달을 두었다. ○ 지황씨(地皇氏)는 삼진(三辰)12)을 정해 낮과 밤을 나누어서, 30일로 한 달을 삼았다.

閏朔 堯時有草生庭 十五日以前日生一葉 以後日落一葉. 月小盡則一葉厭而不落 觀知旬朔 置閏月. ○ 地皇氏定三辰 分晝夜三十日爲一月.

17. 존비(尊卑): 예법은 수인씨로부터 시작하였는데, 황제 때에 이르러 문장(文章)을 만들어 귀천의 등급을 정하였다.

尊卑 禮始㸐皇 至黃帝爲文章 定貴賤等夷.

18. 사향(祀享): 신농(神農)이 만든 납일(臘日)13)에 올리는 제사[蜡]에서 유래한다. 교사(郊祀)14)는 오제(五帝) 때에 보이며, 향(享)은 삼대 이전에 드러난다. 봄 제사를 사(祠), 여름 제사를 약(禴), 가을 제사를 상(嘗), 겨울 제사를 증(烝)이라고 한다.

祀享 由於神農之作蜡. 郊祀見五帝 享先著三代 春祭曰祠 夏祭曰禴 秋祭曰嘗 冬祭曰烝.

19. 종묘(宗廟): 요순 때에는 오묘(五廟)를, 하나라 때에는 세실(世室)

---

11) 순삭(旬朔)의 사전적 의미는 "① 초열흘과 초하루, ② 열흘 동안"이지만, 여기서는 29일의 다음 날이 30일이 아니라 초하루가 되어야 함을 깨닫게 되어, 윤달을 두게 되었음을 말하고 있다.

12) 삼진(三辰)은 일월성신(日月星辰), 즉 해와 달과 별의 총칭. 『漢韓大字典』 민중서림.

13) 납일(臘日): 동지 뒤의 셋째 술일(戌日). 조선 태조 이후에는 동지 뒤의 셋째 미일(未日) 天子臘先祖五祀 『예기』, 冬至後三戌 臘祭百神也 『說文』

14) 교사(郊祀): 하늘과 땅에 지내는 제사. 옛날 임금이 동지(冬至)에는 남쪽 교외에 나가 하늘에 제사 지내고, 하지(夏至) 때에는 북쪽 교외에 나가 땅에 제사를 올렸다. 『동아 漢韓中辭典』

을, 은나라 때에는 중옥(重屋)을 세웠고, 주나라 때에는 조묘(祧廟)[15]를 갖추었다.

宗廟 唐虞立五廟 夏后氏世室 殷人重屋 周人辨廟祧.

20. 사직(社稷): 전욱(顓頊)이 제사를 지낼 때 신농의 12세 후손인 구룡(句龍)을 사(社)로 삼고, 염제의 별자(別子)인 주(柱)를 직(稷)으로 삼았다. 탕(湯) 임금은 가뭄 때문에 주(柱)를 옮기고 주기로 대신하였다.

社稷 顓頊祀神農十二世孫句龍爲社 炎帝別子柱爲稷 湯爲旱遷柱 代以周棄.

21. 학교(學校): 순임금이 처음으로 학교를 세워 노인들을 봉양하였다. 삼대[하은주 시대]에는 대학을 세웠고, 전국시대의 위(魏)나라 때에는 태학의 사방 문에 소학을 세웠다.

學校 舜始建學養老 三代設大學 元魏置四門小學.

22. 석전(釋奠): 문왕 때 이미 선성(先聖)과 선사(先師)를 제사 지냈다. 조조의 위(魏)나라에 이르러 제(齊) 왕방(王芳)이 처음으로 공자에게 제사 지냈다.

釋奠文王時已祀先聖先師 至曹魏齊王芳初祀孔子.

23. 신주(神宔): 삼대에 이미 세워졌다. 오로지 나라에서만 모실 수 있었는데, 정자(程子)가 그 제도를 간소화하여 널리 선비들과 서민들도 모시게 되었다.

神宔 三代已設. 惟國家行之 程子小其制士庶通行.

24. 의약(醫藥): 신농씨가 온갖 풀들을 맛보고 비로소 의약이 있게

---

15) 먼 조상[遠祖]을 합사(合祀)하는 사당(祠堂)

되었다. 신농은 하루에 70번 중독되었다.

醫藥 神農氏嘗百草始有之 一日而七十毒.

25. 무격(巫覡): 주나라 때부터 이미 있었다. 대개 복서(卜筮)의 유파이다.

巫覡 自周時已有. 蓋卜筮之派流.

26. 망고(網罟): 복희씨가 처음으로 만들었다. 금수(禽獸)를 사냥하고 어별(魚鼈)을 잡는 데 사용했다.

網罟 伏羲氏始結之. 佃禽獸漁魚鼈.

27. 성곽(城郭): 황제(黃帝)가 만들었는데, 혹자는 곤(鯀)이 만들었다고도 한다.

城郭 黃帝造. 或云鯀作.

28. 유지(囿池): 동산과 연못은 탕(湯) 임금이 만들었다.

囿池 成湯作.

29. 도자기[陶]: 도자기는 염제(炎帝)가 만들었다.

陶 炎帝作.

30. 우물[井]: 우물은 백익(伯益)^{순임금의 신하}이 만들었다.

井 伯益作.^{舜臣}

31. 절구[舂]: 절구는 옹문(雍文)^{황제의 신하}이 만들었다.

舂 雍文作.^{黃帝臣}

32. 절구공이[杵]: 절구공이는 적기(赤冀)^{황제의 신하}가 만들었다.

杵 赤冀作.^{黄帝臣}

33. 키[箕箒]: 쓰레받기는 소강(小康)^{하나라 우임금의 5세손}이 만들었다.
箕箒 小康作.^{夏禹五世孫}

34. 맷돌[石磑]: 맷돌은 공수자(公輸子)가 만들었다.
石磑^{가는민}公輸子作.

35. 솥과 시루[釜甑]: 솥과 시루는 황제가 만들었다.
釜甑 黄帝造.

36. 식기(食器): 식기[밥그릇]는 순임금이 만들었는데 겉에는 검게 옻칠을 하였다.
食器 舜作 黑漆其上.

37. 제기(祭器): 제사그릇은 우임금이 만들었는데, 밖은 검게 옻칠을 하고 안은 붉게 칠했다.
祭器 禹作 黑漆外朱畵內.

38. 죽기(竹器): 대나무 그릇은 순임금이 만들었다.
竹器 舜作.

39. 술독과 술잔[罍爵]: 술잔은 황제가 만들었다. 옛날에는 땅을 파서 술통으로 삼고[汙尊] 손으로 떠서 마셨다.
罍爵 黄帝造. 古者汙尊而抔飮.

40. 수저[匙筯]: 수저는 여태(呂泰)가 만들었다.
匙筯 呂泰作.

41. 자[尺]: 자는 노증(魯曾)씨가 만들었다. 도수(度數)와 추보(推步)가 여기에서 비롯되었다.

尺魯 曾氏作. 度數推步權輿于此.

42. 저울[秤]: 저울은 신농씨가 만들었다.

秤 神農作.

43. 승두(升㪷): 되와 말은 신농이 만들었다.

升㪷 神農作.

44. 끌[鉅鑿]: 끌은 맹장자가 만들었다.

鉅鑿 孟莊子作.

45. 도끼[斧]: 도끼는 신농이 만들었다.

斧 神農作.

46. 쇠뇌[弩]: 쇠뇌[큰활]는 황제가 만들었다.

弩 黃帝造.

47. 활[弓]: 활은 황제의 신하 휘(揮)가 만들었다. 혹은 소호(少昊)의 둘째 부인인 자반(子般)이 활을 만들고 활과 화살의 규격을 바로잡았다고 한다.

弓 黃帝臣揮作. 一云少昊次妃子般爲弓 正制弓矢.

48. 화살[矢]: 화살은 이칙(夷則)이 만들었는데, 혹은 모이(牟夷)가 만들었다고도 한다.모두 황제의 신하이다.

矢 夷則作. 或云牟夷作.皆黃帝臣.

49. 간과(干戈): 방패와 창은 황제가 처음으로 익혀서 이를 사용하였다. 과극(戈戟)과 수모(殳矛)는 황제의 신하 치우(蚩尤)가 만든 것이다.

干戈 黃帝始習用之. 戈戟殳矛黃帝臣蚩尤作.

50. 갑주(甲冑): 소강(少康)의 아들 여(興)가 만들었다. 옛날에는 갑옷은 가죽을 사용하였는데, 진한 시대에 와서는 철을 사용하였다.

甲冑 少康子興作. 古甲用皮 秦漢來用銕.

51. 배[舟]: 황제가 만들었다. 혹은 우후(虞姁)가 만들었다고도 하는데 어느 시대 사람인지 알 수 없다. 노반(魯班)16)이 장식했다.

舟 黃帝作. 或云虞姁作 未知何代人. 魯班裝.

52. 키[柂]: 장평(張平)이 만들었다.

柂 張平造.

53. 수레[車]: 황제가 전봉(轉蓬)을 보고 처음 이를 만들었다. 혹은 해중(奚仲)이 하나라의 수레를 바로잡았다고 한다.

車 黃帝見轉蓬而始制之. 或云奚仲作爲夏車正.

54. 인력거[人車]: 걸(桀) 임금이 사람으로 마차를 끌게 하였다. 여련(輿輦)이 여기서 비롯되었다.

人車 桀以人駕車 輿輦之始.

55. 대로(大輅): 옛날에는 나무로 수레를 만들었다. 상나라 때에 이르러 노(輅)라는 명칭이 생겨서 그 형식을 달리하기 시작하였다.

大輅 古者以木爲車. 至商有輅之名 始異其制.

---

16) 전국시대의 장인 公輸班을 말한다.

56. 관곽(棺槨): 옛날에는 시체를 구덩이에 버려두었으나 후에 덩굴로 만든 삼태기로 덮었다. 순임금 때에는 와관(瓦棺)을, 은나라 때에는 나무로 관을 만들었고, 주나라 때에는 관 옆의 널판[牆]에 삽(翣)을 두었다.

棺槨 上世委壑後掩虆梩. 舜時瓦棺 殷木造 周牆置翣.

57. 비석[碑碣]: 비(碑)는 슬퍼하는 것이고, 갈(碣)은 짧은 비석이다. 옛날에 나무에 새겨서 땅에 묻었는데, 나중에는 돌을 세우는 것으로 바뀌었다.

碑碣 碑者悲也 碣者短碑. 古者書木窆地 後易豎石.

58. 면류관[冕]: 면류관은 황제가 만들었다. 왕관 위에 덮개가 있고 앞뒤에는 주옥을 꿴 술이 달려 있다. 하나라 때의 면류관을 수(收)라 하고, 은나라 때의 면류관을 우(冔)라 한다.

冕 黃帝作. 冠上有覆前後有旒. 夏冕曰收 殷冕曰冔.

59. 곤룡포[袞衣]: 곤룡포는 황제가 만들었다. 용과 산과 꿩과 불, 종이 등 다섯 가지 무늬를 그려 넣었다. 천자는 용이 한 마리는 오르고 한 마리는 내려오고, 상공은 내려오는 용만 있다. 용의 머리가 똬리를 틀고 있어서 곤의라고 이름 지었다.

袞衣 黃帝作. 繪龍山華蟲火宗彝五章. 天子之龍 一升一降 上公但降龍. 龍首卷然故名.

60. 치포관(緇布冠): 치포관은 태고 때부터 사용되던 관인데, 치포관으로 인해 비로소 상투를 틀 수 있게 되었다.

緇布冠 太古冠也 其制僅可撮髻.

61. 갓[笠子]: 삿갓 양식은 옛날의 대립(臺笠)에서 비롯되었다.

笠子 制自古之臺笠.

62. 망건(網巾): 옛날에는 망건 양식이 없었다. 명나라 초기에 도사가 만든 것이다. 태조가 세상에 나누어 주도록 명하여 귀천에 관계없이 누구나 흘러내리는 머리를 싸도록 하였다. 조회하는 사람들이 착용하도록 하였는데, 평소에는 착용하지 않았다.

網巾 古無其制著. 皇明初道士所爲也. 太祖命頒天下無貴賤 皆裹惟流. 求人朝會著之 常時不著.

63. 버선[襪]: 문왕 이전에 이미 버선이 있었다.

襪 文王以前已有之.

64. 신발[履]: 신발은 황제의 신하 어칙(於則)이 만들었다. 후대에 여기에 덧붙여 그 형식이 다양하게 되었다고 한다.

履 皇帝臣於則作. 後代因之增衍其制云.

65. 빗[梳]: 빗은 혁서씨가 처음 나무빗을 만들었다. 순임금이 상아나 거북껍질로 만들었다.

梳 赫胥氏始作木梳. 舜以牙瑇瑁爲之.

66. 거울[鏡]: 거울은 윤수(尹壽)가 만들었다.윤수는 순 임금의 신하이다.

鏡 尹壽作.舜臣

67. 안경(眼鏡): 안경은 일명 애체(靉靆)라고도 한다. 본래 서양에서 만들어졌다. 명나라 때에 중국인이 처음으로 만드는 법을 배웠다.

眼鏡 一名靉靆 本西洋産 明時 中國人始學造焉.

68. 반지[指環]: 반지는 본래 삼대의 물건이다. 오늘날에는 양비(楊妃) 때부터 만들기 시작했다고 하는데, 이는 잘못된 것이다.

指環 本三代之制. 今言自楊妃始造云者誤.

69. 다리미[熨斗]: 동탁(董卓)이 사람의 모습을 한 동상 10매를 녹여서 소전과 위두를 만들었다.

熨斗 董卓塊銅人十枚爲小錢熨斗.

70. 요강[尿器]: 옛날의 변기로, 주나라 때부터 있었다.^{尿는 옛날의 溺이다}

尿器 古之虎子 自周有之.^{尿古溺}

71. 홀(笏): 홀은 주 나라 이전에 이미 있었다. 천자는 주옥으로, 제후는 상아로, 대부는 물고기 수염[漁鬚]으로, 사(士)는 죽찰(竹札)로 만든다.

笏 周前已有. 天子以珠玉 諸侯象齒 大夫漁鬚 士竹札.

72. 부채[扇]: 부채는 여와가 풀을 엮어 처음으로 만들었다. 송나라 원나라 이전에는 둥근 모양의 부채만 있었는데 부들과 거북 뼈로 장식했다. 요즘의 접는 부채 형식은 처음에는 일본의 풍습에서 나온 것인데 그 간편함 때문에 세상 사람들 모두가 좋아하게 되었다.

扇 女媧始以草結爲之. 宋元以前 只有團扇以蒲葵爲美. 今摺扇之制 初出倭俗 以其簡易天下同尙.

73. 종이[紙]: 옛날에는 종이로 죽간을 사용하였다. 시황제 때 처음으로 비단을 사용하여 지(종이)라 일컬었다. 한나라 화제(和帝) 때 관리였던 채륜이 나무껍질, 마의 머리부분, 헤진 포, 물고기의 벼리를 가지고 종이를 만들었다.

紙 古用竹簡. 始皇始用縑帛謂之紙. 漢和帝時 宦者蔡倫 乃以樹膚麻頭及敝布魚綱造之.

74. 붓[筆]: 몽염(蒙恬)이 만들었다. 뽕나무로 붓대를 만들고 사슴 털로 기둥 심을 만들고 양털로 둘러쌌다.

筆 蒙恬造. 柘木爲管 鹿毛爲柱 羊毛爲皮.

75. 묵(墨): 형해(刑奚)가 만들었다.

墨 刑奚造.

76. 벼루[硯]: 자로(子路)가 처음으로 비치하였다.

硯 子路始置.

77. 술[酒]: 상고시대에는 감주와 타락이 있었다. 우임금 때 의적(儀狄)이 술을 만들었다. 그 뒤 두강(杜康)은 술을 다듬었다.

酒 古有醴酪. 禹時儀狄作酒 後杜康潤色之.

78. 소주(燒酒): 원나라 때 처음으로 만들었다.

燒酒 元時始製.

79. 가무(歌舞): 음강씨가 세상의 왕이었을 때 사람들은 계속 발이 붓는 것을 싫어해 노래와 춤을 만들어 관절의 피를 통하게 하고 부드럽게 하였다. 또 춤은 도당씨 때부터 있었고 노래는 갈천씨 때부터 있었다라고 한다. 모두가 상고시대이다.

歌舞 陰康氏王天下 人疾重腿制歌舞以通利關節. 又曰舞自陶唐氏 歌自葛天氏 蓋其古矣.

80. 거문고[琴]: 신농씨가 만들었다. 원래는 5현이었는데 뒤에 문무 2현을 추가했다.

琴 神農氏作. 本五絃 後加文武二絃.

81. 큰 거문고[瑟]: 포희씨가 만들었다. 원래는 50현이었는데 뒤에 쪼개져 25현이 되었다.

瑟 庖羲作. 本五十絃 後破爲二十五絃.

82. 아쟁[箏]: 진나라 사람 박의(薄義) 부자가 큰 거문고로 다투다가 나뉘었다. 그래서 쟁(箏)이라고 이름 붙였다. 대개 13현이다.

箏 秦人薄義父子爭瑟分之因名箏. 蓋十三絃.

83. 생황(笙簧): 여와씨가 만들었다.

笙簧 女媧氏作.

84. 퉁소[簫]: 순임금이 만들었다.

簫 帝舜作.

85. 피리[笛]: 한나라 관리 이정년(李延年)이 만들었다. 어떤 사람은 장건(張騫)이 서역 원정을 갔을 때 연주법이 전해졌다고도 한다.

笛 漢宦者李延年造. 或云張騫入西域傳其法.

86. 해금(奚琴): 원래는 해호(奚胡)의 악기였는데 당나라 때 중국에 전해졌다. 혹자는 혜강(嵇康)이 만들었다고 하는데 잘못 전해진 것이다.

奚琴 本奚胡樂 唐時始傳中國. 或謂嵇康造者訛.

87. 투호(投壺): 옛날의 점잖은 놀이로 이를 통해 사람들의 마음 씀의 정밀함과 조악함을 살폈다. 송나라 때의 사마온공이 격식과 규정을 정리했다.

投壺 古之雅戲 觀人心術之精粗. 宋溫公釐正格例.

88. 종(鐘): 염제의 신하 백릉(伯陵)이 만들었다.

鐘 炎帝臣伯陵作.

89. 마상 북[鞞鼓]: 수(倕)^{황제의 신하}가 만들었다.

鞞鼓 倕作.^{黃帝臣}

90. 가야금(伽耶琴): 12현이다. 대가야국의 후왕 가실(嘉悉)[17]이 당나라의 악부를 본받아 만들었다. 가야금을 연주하자 검은 학이 마당에서 춤을 추었다. 세속에서는 최치원이 만들었다고도 하는데 잘못된 것이다.

伽耶琴 十二絃. 大伽耶國後王嘉悉法唐樂府製之. 琴成玄鶴舞庭. 俗傳崔致遠造者非.

91. 바둑[圍碁]: 요임금이 만들었다. 단주(丹朱)가 잘했다.

圍碁 堯造. 丹朱善之.

92. 장기[象戲]: 주나라 무왕이 만들었다. 혹은 신릉군이 만들었다고도 한다.

象戲 周武帝造之. 或云信陵君所造.

93. 쌍륙(雙陸): 원래 서천축국에서 조조의 위나라로 유입되었다. 양, 진, 수, 당 시대에 성행했다. 혹자는 자건(子建)이 만들었다고 하는데 잘못된 것이다. ○ 저포는 노자가 만들었다. 던져서 노는 놀이이다. 다섯 나무 조각이 말이 되는데 효, 려, 치, 독, 색이 있다. 다섯 말은 각각 이기고 지는 색이 있다. 바로 지금의 주사위다.

雙陸 原西竺流曹魏. 盛梁晉隋唐 或云子建造者非. ○ 樗蒲 老子作. 擲之爲戲. 以五木爲子 有梟盧雉犢塞. 五者爲勝負之采 卽今之骰子.

94. 구전(圖牋)^{투전}: 중국에서 고금의 인물 등급을 정하고 모두 백이십 개의 종이를 만들어 구패라고 하였다. 마침내 원나라 때 우리나라 역

---

17) 가보왕(嘉寶王)이라고도 한다. 가야 연맹체 중의 어느 가야국의 왕이었는지는 확실하지 않다. 대가야(大伽倻)나 아라가야(阿羅伽倻)의 왕이라는 설과 함께 금관가야(金官伽倻)의 취희왕(吹希王)이라는 설도 있다. 시대적으로는 동시대의 음악가 우륵(于勒)과의 관계로 미루어 신라 진흥왕과 같은 시기의 인물로 짐작된다.

관이던 장교(張炊)가 이 가지(枝)를 만들었는데, 대체로 중국의 제도를 모방하고 약간 변형시킨 것이다.

閺牋 中國品第古今人物 合一百二十牋 名閺牌. 昉元時我國譯官張炊剙造此技 蓋倣華制少變之.

95. 골패(骰牌)^{골픽}: 백거이(白居易)가 은퇴하여 노후에 이를 만들어 시중드는 사람과 놀았다.

骰牌 白香山退老後造此 與侍史爲戱.

96. 여악(女樂): 여악은 옛날 당나라와 송나라 시절부터 있었고 원나라 때 가장 번성하였다. 명나라 초기에도 역시 있었다. 군영의 기생들로 옛날부터 부인이 없는 군사들을 상대하게 했다. 우리나라는 국경 진영에 모두 기악을 두어서 이렇게 했다고 말한다. 당나라 사람들은 기생을 녹사라 일컬었고 또는 주두라고도 하였다. 또한 기생들이 거처하는 곳을 녹사항이라고 하였다.

女樂 蓋古有唐宋 至元最盛 大明初亦有之. 營妓古以待軍士無妻者. 我國於邊鎭 皆置妓樂爲此云. 唐人謂妓爲錄事亦曰酒枓. 又妓所居曰錄事巷.

97. 산디놀이[鼇棚]: 역귀를 쫓는 연기를 하는 나용(儺俑)에게 다양한 가면을 씌웠다. 주나라 때부터 이것이 놀이가 되었고 한나라 무제 때 온갖 가지의 놀이가 되었다.

鼇棚^{산뒤[18)]} 儺俑優面設. 自周時以此爲戱 自漢武百戱.

98. 희극배우[呈才人]: 정재인은 원래 중국의 배우나 환술자이다. 몇 대를 지나 고려 말에 전래되었다. 노국대장공주가 올 때 이들이 따라

---

18) 완산중간본에는 산붕으로 되어 있다.

왔다고 한다. 신라 진흥왕은 미남자를 뽑아 곱게 화장을 시켜 화랑이
라 하였다.

呈才人 本中國俳優幻術者 流世傳麗末. 魯國大長公主出來時隨來云.
新羅眞興王 取美男粉飾 名花郞.

99. 그네[秋千]: 북방의 산융(山戎)족의 놀이이다. 이를 통해 날렵하
게 되는 것을 익힌다. 초나라 풍속에 이것을 시구(施鉤)라 하였다.

秋千 北方山戎之戲. 以習輕趫也. 楚俗謂之施鉤

100. 축국(蹴鞠)^{저기}: 흔히들 말하기를 황제가 만들었다고 하는데 혹은
전국시대에 생겨났다고도 한다. 공을 차게 한 것이 병사들의 기세를
키우기 위한 것이다. 축국으로 무사들을 단련시키고 이를 통해 재능
있는 사람을 알아냈다. 대체로 즐거운 놀이로 훈련시킨 것이다.

蹴鞠 傳者言黃帝所作 或曰起戰國時. 蹋鞠兵勢也. 所以練武士 知有
材也. 皆因嬉戲而練之.

101. 종이연[紙鳶]: 양나라 무제가 대성에 있을 때 어떤 아이가 종이
로 연을 만들어 조서를 매달아 외부의 지원을 요청하는 계책을 올렸다.
후경(候景)이 선사를 시켜 그것을 쏘게 하였고 줄이 끊어진 연은 새로
변해서 구름 속으로 들어갔다. ○ 누군가 말하기를 한신이 땅에 굴을
파서 미앙궁(未央宮)에 들어가려고 할 때 종이연을 만들어 먹줄 자를
매달아 날려서 미앙궁까지 몇 걸음이나 되는지 알아보려고 했었다고
한다. 사실인지 알 수 없다.

紙鳶 梁武在臺城 有小兒獻計. 以紙爲鳶 繫詔書縱風求外援. 候景使
善射射之 墮化爲鳥入雲中. ○ 或云 韓信欲穿地道入未央宮 作紙鳶以
繩飛揚欲知未央宮步數. 未知是否.

102. 사찰(寺刹) 한나라의 명제 때 섭마등(攝摩騰)이 서역으로부터

하얀 말에 가득 불경을 싣고 와서 백마사(白馬寺)[19]를 창건하였다. 후에 부도(浮屠)라고 불렸다.

　寺刹 漢明帝時 攝摩騰自西域 白馬馱經來 創立白馬寺. 後遂名浮屠.

103. 뇌옥(牢獄): 예부터 설치하였다. 하나라에서는 하대(夏臺)라 하고 은나라에서는 유리(羑里), 주나라에서는 환토(圜土), 진나라에서는 영어(囹圄)라 하였다.

　牢獄 設自古. 夏曰夏臺 殷曰羑里 周曰圜土 秦曰囹圄.

104. 우역(郵驛): 주나라 때 이미 설치되었다. 우리나라에서는 신라 소지왕이 처음으로 설치했다.

　郵驛 周時已設. 我東新羅炤智王始置.

105. 시사(市肆): 수황씨가 처음으로 만들어 일중시(日中市)라고 하였다. 우리나라에서는 신라 소지왕이 처음 설치했다.

　市肆 遂皇始作日中市 我東新羅炤智王始置.

106. 각루(刻漏): 황제가 처음 만들었다. 물이 떨어지는 것을 보고 그릇을 만들어서 그 규칙을 취하여 낮과 밤을 구분하였다. 우리나라에서는 신라 성덕왕이 처음 만들었다.^{당나라 중종 때이다.}

　刻漏 黃帝創. 觀漏水製器取則 以分晝夜. 我東新羅聖德王始造.^{唐中宗時}

107. 초[燭]: 옛날에는 밀랍으로 만든 초가 없었다. 주나라 때 뿌리가 무성한 갈대를 베로 감고, 꿀을 바른 것이 납거(蠟炬)의 시초이다.

　燭 古未有蠟燭. 周時百根葦 布纏蜜塗蠟炬之始.

---

19) 후한의 명제(明帝) 때 섭마등(攝摩騰)과 축법란(竺法蘭)의 두 중이 대월지국에서 불상과 불경을 흰말에 싣고 와서 이듬해에 낙양 외교(郊外)에 세운 중국 최초의 절.

108. 천화(泉貨): 천화는 황제(黃帝)가 만들었다. 주나라 경왕이 대전(大錢)을 주조하였다. 우리나라의 동전 주조는 고려 숙종 때에 비롯되었다.

泉貨 黃帝作. 周景王鑄大錢. 我東鑄錢始高麗肅宗.

109. 언문(諺文): 우리 세종시대에 친히 만들어 훈민정음이라는 이름을 붙였다. 민간에서는 반절(反切)이라고 한다.

諺文 我世宗朝親製名曰訓民正音. 俗稱反切.

110. 이두(吏讀): 신라 설총(薛聰)이 처음 만들었다.

吏讀 新羅薛聰始製.

111. 서체(書體): 용서(龍書)는 포희씨가 만들었다. 수서(穗書)는 염제가 만들었다. 조적전(鳥迹篆)은 황제의 사관 창힐이 만들었다. 고두전(蝌斗篆)[20]은 전욱이 만들었다. 도해(倒薤)는 은나라 때 무광(務光)이 만들었다. 대전(大篆)은 주나라 선왕의 사관 주(籒)가 만들었다. 소전(小篆)은 진나라의 이사(李斯)가 만들었다. 조충전(雕蟲篆)[21]은 한나라 양웅(揚雄)이 만들었다. 비백서(飛帛書)[22]는 채옹(蔡邕)이 만들었다. 옥저전(玉筋篆)은 당나라 이양빙(李陽冰)이 만들었다. 유엽전(柳葉篆)은 위관(衛瓘)이 만들었다. 수로전(垂露篆)은 조선(曹善)이 만들었다. 수침전(垂鍼篆)은 조희(曹喜)가 만들었다. 영락전(纓絡篆)은 유덕승(劉德昇)이 별자리를 보고 만들었다.

---

20) 과두는 개구리의 유생(幼生)으로 올챙이이다. 과두문자는 고대 문자의 한 가지로 황제(皇帝) 때에 창힐이 지었다 함. 글자의 획이 올챙이 모양과 같아서 붙인 이름이다.
21) 雕蟲篆刻＝雕蟲小技. 벌레 모양이나 전서(篆書)를 조각하듯이 미사여구로 문장을 꾸미는 조그마한 기교.
22) 飛帛은 飛白의 오자인 듯하다. 비백은 팔서체의 하나이다. 팔분(八分)과 비슷한데 필세(筆勢)가 나는 듯하고 붓 자국이 비로 쓴 자리같이 보이는 서체이다. 후한의 채옹(蔡邕)이 시작했다.

龍書 包義作. 穗書 炎帝作. 鳥迹篆 黃帝史蒼頡作. 蝌斗篆 顓頊作. 倒薤 殷時務光作. 大篆 周宣王史籀作. 小篆 秦李斯作. 雕蟲篆 漢揚雄作. 飛帛書 蔡邕作. 玉筋篆 唐李陽冰作. 柳葉篆 衛瓘作. 垂露篆 曹善作. 垂鍼篆 曹喜作. 纓絡篆 劉德昇. 觀星宿作.

112. 팔분서(八分書)[23]: 진시황 때에 왕차중(王次仲)이 만들었다.
八分書 秦始皇時王次仲作.

113. 예서(隷書): 지금 해서자이다. 시황제의 옥리(獄吏) 정막(程邈)이 예인(隷人)을 위해 만들어 그들이 글을 쓸 수 있도록 도움을 주었다. 그래서 이름이 예서이다.
隷書 卽今楷字. 始皇獄吏程邈作爲隷人佐書 故名.

114. 장초(章草): 한나라 두백도가 만들었다.
章草 漢杜伯度作.

115. 시전(詩傳): 3만 9124자이다.
詩傳 三萬九千一百二十四字.

116. 서전(書傳): 2만 5700자이다.
書傳 二萬五千七百字.

117. 주역(周易): 2만 4207자이다.
周易 二萬四千二百七字.

---

23) 팔분. 서체의 하나. 예서와 전자(篆字)를 절충하여 만들었는데 예서에서 이분(二分)을, 전자에서 팔분을 땄기 때문이라고도 하고 혹은 그 체(體)가 팔자(八字)를 분산(分散)한 것 같기 때문이라고도 한다.

118. 주례(周禮): 4만 5806자이다

周禮 四萬五千八百六字.

119. 예기(禮記): 9만 9024자이다.『중용』과 『대학』을 합계 계산함.

禮記 九萬九千二十字.^{庸學並入}

120. 춘추(春秋幷左傳): 19만 6845자이다.

春秋幷左傳 十九萬六千八百四十五字.

121. 논어(論語): 1만 2700자이다.

論語 一萬二千七百字.

122. 맹자(孟子): 3만 4685자이다

孟子 三萬四千六百八十五字.

123. 대학(大學): 1733자이다.

大學 一千七百三十三字.

124. 중용(中庸): 3505자이다.

中庸 三千五百五字.

125. 효경(孝經): 1903자이다.

孝經 一千九百三字.

합하면 48만 5228자로, 하루에 3백자씩 읽으면 4년 반이면 마칠 수 있다.

合四十八萬五千二百二十八字 日誦三百字 四年半可畢.

126. 『삼운통고』(三韻通考)[24]: 『삼운통고』는 일본에서 나왔는데, 운법은 육경[25]에서 시작되어, 양한(前漢과 後漢)의 여러 유생들은 운(韻)을 사용하지 않은 사람이 없었다. 심약(沈約)에 이르러서는 사성(四聲)에 얽매였다. 우리나라에서는 최세진이 여기에 맞추어 『사성통해』[26]를 편찬했다. 대개 사전[字書]은 『이아』(爾雅)^{주공이 편찬함}에서 시작되었고 『설문해자』(說文解字)[27]^{한나라 허신이 편찬함}로 발전하였고, 『옥편』(玉篇)^{진나라 고야왕이 편찬함}에서 완비되었다.

三韻通考 出日本 韻法自六經始 兩漢諸儒 莫不用韻. 至沈約拘以四聲. 我朝崔世珍仍次四聲通解. 蓋字書兆爾雅^{周公撰} 演說文^{漢許愼撰} 備玉篇.^{陳顧野王撰}

127. 과거(科擧): 주나라 때는 빈흥이 있었고 한대(漢代)에는 효렴(孝廉)[28], 수재(秀才)[29], 사책(射策)[30], 명경(明經)[31]이 있었고, 수대(隋代)

---

24) 한자(漢字)를 운(韻)에 따라 주석한 조선시대의 운서(韻書) ≪삼운통고≫는 한때 유실되었다가 일본에 건너간 책이 다시 한국으로 전래하여 간행된 것이라 한다. 이 책은 다른 운서의 기본이 된 점에서 귀중한 가치가 있다.—두산백과사전

25) 詩經, 書經, 禮經, 樂經, 易經, 春秋

26) 1517년(중종 12)에 최세진(崔世珍)이 편찬하였다. 세종 때 왕명으로 신숙주(申叔舟) 등이 『홍무정운역훈(洪武正韻譯訓)』을 편찬하였으나, 너무 방대하여 보기가 어려웠으므로 다시 간이한 『사성통고(四聲通攷)』를 편찬케 하였다. 그러나 『사성통고』는 글자마다 자음(字音)은 표기되었으나, 그 글자의 해석이 없었으므로 이런 단점을 보완하기 위하여 『홍무정운』을 기초로 하여 실용에 적합하도록 엮은 것이 이 『사성통해』이다.—네이버 백과사전

27) 총 15편. 후한(後漢)의 허신(許愼)이 편찬하였다. 그중 말미의 서(敍) 1편은 진한(秦漢) 이래 문자정리의 연혁을 밝힌 것으로 100년에 완성되었다. 그 당시 통용된 모든 한자 9,353자를 540부(部)로 분류하고, 친자(親字)에는 소전(小篆)의 자체(字體)를 싣고, 그 각 자(字)에 자의(字義)와 자형(字形)을 설해(說解: 訓解釋)하였다. 소전과 자체가 다른 혹체자(或體字: 古文·文)는 중문(重文)으로서 1,163자를 수록하였다.—네이버 백과사전

28) 효도하고 마음이 결백한 자를 특별히 추천받아 관리로 임용하는 것

29) 재주 있는 사람을 뽑아 씀. 과거의 시험 과목 이름

30) 한 대의 과거의 한 과. 경서 또는 정치상의 의문을 策에 써서 수험자로 하여금 각자의 능력대로 해석하게 하여 이것으로 우열을 정하던 시험.

에는 진사과(進士科)를 두었고, 당대(唐代)에는 공거(貢擧, 貢士)32)와 삼장을 두었다. 송대(宋代)에는 전시(殿試)를 두었다. 우리나라 고려에서는 광종(光宗) 때 처음으로 시, 부, 송, 책의 과목을 설치하고, 진사급제를 내려주었으며, 현종(顯宗) 때 처음으로 감시(監試)를 행했으며, 문종(文宗) 때 봉미법(封彌法)33)을 시행했다. ^{황항지의 고시가 매우 난잡했다.}

科擧 周賓興 漢孝廉秀才射策明經 隋進士科 唐貢擧三場 宋殿試. 我東高麗光宗始設詩賦頌策 賜進士及第 顯宗始行監試 文宗行封彌法.^{國黃}
抗之考試甚濫

128. 고적(考績): 고적(考績)34)은 지금의 인사평가 제도와 같은 것으로 순임금이 그 법도를 세웠다.

考績 猶今褒貶 舜立其法.

129. 조빙(朝聘): 조빙(朝聘)35)은 황제 때 비로소 시작되었다. 봄에 알현하는 것을 조(朝)라 하고, 가을에 알현하는 것을 청(請)이라 하고, 제후들이 모두 함께 알현하는 것을 동(同)이라 하고, 유사시 알현하는 것을 근(覲)이라 한다.

朝聘 始自黃帝時. 春見曰朝 秋見曰請 殷見曰同 時見曰覲.

130. 사냥[田獵]: 사냥은 삼대(三代) 때 이미 행해졌다. 봄에 하는 것을 수(蒐)라 하고, 여름에 하는 것을 묘(苗)라 하고, 가을에 하는 것을 선(獮), 겨울에 하는 것을 수(狩)라고 한다.

田獵 三代已行. 春曰蒐 夏曰苗 秋曰獮 冬曰狩.

---

31) 경서의 뜻을 주로 시험하던 시험 과목의 하나.
32) 제후가 중앙 정부에 추천한 사람으로 才學이 있는 선비를 선발하는 것.
33) 唐宋시대 과거에 공정을 기하기 위해 수험자가 답안지 오른편 끝에 성명, 생년월일, 주소, 四祖를 써서 풀로 봉하여 제출하던 방법.
34) 성적을 상고하는 일.
35) 예전에 중국과 외교하는 것을 일컫던 말.

131. 환곡(還穀): 고구려의 고국천왕이 궁 밖으로 나갔다가 울부짖고 있는 사람을 보고 그 연유를 물었다. '품을 팔아서 어머니를 봉양했는데 올해는 흉년이라 품을 팔 수 없습니다'라고 대답했다. 왕이 '나의 죄이다'라고 하고는 그에게 재물을 풍족하게 내려주고 관청의 곡식을 풀어서 백성들을 구휼하게 하고 겨울이 되면 도로 걷어 들이는 것을 규정으로 삼았다. ^{한나라 영제 때이다.}

還穀 高句麗故國川王出見哭者問故. 對曰傭力養母 今年 不登無以傭. 王曰孤之罪 厚賜之 出官穀賑百姓 至冬還輸以爲式. ^{漢靈帝時}

132. 천연두[痘瘡]: 한나라 광무제 때 마수가 남쪽 지방을 정벌할 때 오랑캐 포로들의 전염병에 감염되면서부터 시작되었다. ◑ 의서에 의하면 천연두는 주나라 말 진나라 초에 비롯되었다고 한다. 민간에 전하는 말에 의하면 만리장성이 내린 재앙[祟]이라고도 한다.

痘瘡 始於漢光武時 馬援南征梁得虜疫. ◑ 按醫書云痘疫始於周末秦初. 俗傳萬里長城所祟.

133. 별호(別號): 옛날에는 드물었다. 다만 황보밀의 호가 현연선생이었고 도원량의 호가 오류선생이었다. 이백, 두보, 한유, 유종원은 단지 관작으로만 불렸다. 구양수와 소식에 이르러 비로소 별호가 있게 되었다. 지금 중국 조정의 사람들이 가장 좋아하여 학사, 대부, 장인, 상인, 환관 할 것 없이 모두가 호로 부른다. ^{거사라는 호는 상나라와 주나라 교체기에 시작되었다}

別號 古則鮮. 惟皇甫謐號玄晏先生 陶元亮號五柳先生. 李杜韓柳只以官爵稱之. 至歐蘇始有之. 今中朝人最尙 學士大夫與人賈竪皆稱號. ^{居士之號 起於商周之間}

134. 만가(輓歌): 주나라 때부터 있었다. 전횡[36]이 죽은 후 따르던

─────────────────

36) 제(齊)나라의 왕. 한(漢) 고조(高祖)의 부름을 받아 가다가, 시향(尸鄕)이라는 곳에서 한나라에 항거하여 목이 찔려 죽으니, 그의 신하가 시신을 호

사람들이 감히 곡을 할 수가 없어서 노래를 지어 슬픔을 기탁했다.

輓歌 自周時有之. 後田橫死從者不敢哭 作歌寄哀.

135. 도량(度量): 10망을 묘라 한다. 10묘를 녹이라 한다. 10록을 미라 한다. 10미를 홀이라 한다. 10홀을 사라 한다. 10사를 호라 한다.^{豪라고도 한다.} 10호를 리라 한다. 8촌을 지라 한다. 10촌을 척이라 한다. 5척을 흑이라 한다. 8척을 심이라 한다.^{仞이라고도 한다.} 심의 배를 상이라 한다. ◐ 10서를 류라 한다. 64서를 규라 한다. 4규를 촬이라 한다. 1200수를 륜이라 한다.^{요즘 세속에서는 夕으로 쓴다.} 10륜을 홉이라 한다. 10홉을 승이라 한다. 10승을 두라 한다. 6두 4승을 부라 한다. 10부를 종이라 한다. 10두를 곡이라 한다. 15두를 석이라 한다. 16두를 유라 한다.^{籔라고도 한다.} 16곡을 병이라 한다. ^{10촬을 10라고도 한다. 10사를 작이라고 한다. 10작을 홉이라고 한다. 한 손에 가득 차는 것을 일이라 한다. 두손에 가득 차는 것을 국이라 한다. 4국을 두라 한다. 4두를 구라 한다. 4구를 부라 한다. 2부 반을 수라 한다. 2수 반을 부라 한다. 2부를 종이라 한다. 2종을 병이라 한다.} ◐ 10류를 수라 한다. 6수를 치라 한다. 24수를 냥이라 한다. 1냥 반을 첩이라 한다. 2첩을 거라 한다. 6냥을 鍰이라고 한다.^{鋝이라고도 한다.} 10냥을 정이라 한다.^{정이라고도 한다.} 16냥을 근이라 한다. 24냥을 일이라 한다. 10근을 형이라 한다. 15근을 칭이라 한다. 30근을 균이라 한다. 4균을 석이라 한다. 4석을 고라 한다. ◐ 5배를 사라 한다. 백이 열인 것을 천이라 한다. 천이 열인 것을 만이라 한다. 만이 열인 것을 억이라 한다. 억이 열인 것을 조라 한다. 조가 열인 것을 경이라 한다. 경이 열인 것을 제라 한다. 제가 열인 것을 해라 한다. 해가 열인 것을 보라 한다.

度量 十茫曰眇 十眇曰塵 十塵曰微 十微曰忽 十忽曰絲 十絲曰毫^{亦曰豪} 十毫曰氂 八寸曰咫 十寸曰尺 五尺曰墨 八尺曰尋^{亦曰仞} 十尺曰丈 倍尋曰常. ◐ 十黍曰絫 六十四黍曰圭 四圭曰撮 千二百黍曰龠^{今俗作夕} 十龠曰合 十合曰升 十升曰斗 六斗四升曰釜 十釜曰鍾 十斗曰斛 十五斗

<hr>

송해 돌아가면서 슬픔을 드러내지 못하여 만가를 지어 슬픔을 대신 표현했다.

日碩 十六斗曰庾^(亦曰藪) 十六斛曰秉.^(或云十撮曰抄, 十抄曰勺, 十勺曰合, 一手盛曰溢, 兩手曰掬, 四掬曰豆, 四豆曰區, 四區曰釜, 釜二有半曰籔, 籔二有半曰岳, 岳二曰鍾, 鍾二曰秉.) ◑ 十粢曰銖 六銖曰錙 二十四銖曰兩 兩有半曰捷 倍捷曰奉 六兩曰鋝^(亦曰鍰) 十兩曰錠^(或作定) 十六兩曰斤 二四兩曰鎰 十斤曰衡十五斤曰秤 三十斤曰鈞 四鈞曰石 四石曰鼓. ◑ 五倍曰葰 十百曰千 十千曰萬 十萬曰億 十億曰兆 十兆曰京 十京曰秭 十秭曰垓 十垓曰補.

제3장 방도(邦都)

1. 우리나라는 처음에 임금이 없었다. 어떤 사람이 태백산의 신단수 아래로 내려왔는데, 나라 사람들이 그를 임금으로 옹립하니 바로 단군이다.^{성은 환이고 이름은 왕검이다} 요임금과 동시대에 백성을 가르쳐 머리카락을 묶고 머리는 가리게 하는 등 의복과 음식의 제도를 마련하였다. 상나라 무정 8년에 아달산^{구월산}으로 들어가 신선이 되었다. 재위기간은 1000년이었고 사당은 평양에 있다.

東方初無君長. 有人降于太白山檀木下　國人立之　是爲檀君.^{姓桓氏名王儉}並堯立教民編髮蓋首衣服飮食之制. 商武丁八年入阿達山^{九月山}爲神. 在位一千年　廟在平壤.

2. 신라의 시조: 성은 박씨이고 이름은 혁거세이다. 처음 양산의 숲속에 기이한 기운이 있어서 찾아보다 알 하나를 얻었다. 알을 깨보니 모습이 단아 하고 예쁜 아기가 있었다. 냇물에 씻기니 몸에 광채가 났다. 새와 짐승들이 모여들어 춤을 추었다. 신이라 여기고 임금으로 옹립했다. 나이가 13세였다.^{한나라 선제 오봉 5년이었다.}

新羅始祖　朴氏　名赫居世. 初楊山林間　有異氣尋得一卵. 剖有嬰兒儀形端美. 浴於川　身生光彩. 鳥獸率舞以爲神　立爲君. 年十三.^{漢宣帝五鳳五年}

3. 신라왕 석탈해: 처음에 파나국의 왕이 여인국의 왕녀를 왕비로 맞았는데 왕비가 알을 낳자 비단에 싸서 강에 떠내려 보냈는데 진한까지 떠내려 왔다. 한 노파가 아이가 떠내려 올 때 까치가 따라오며 우는 것을 보고 작자에서 조자를 없앤 석으로 성을 삼고 궤에서 나왔기 때문에 이름을 탈해라고 했다. 뒤에 남해왕의 사위가 되었고 임금으로 옹립되었다.

新羅王昔脫解 初婆那國娶女國王女 生一卵 裹帛浮江至辰韓. 老嫗見有
兒以來時鵲隨鳴 故省鳥以昔爲姓 以解櫝出故名. 後爲南解婿 立爲君.

4. 신라왕 미추: 알지의 7세손이다. 처음에 탈해왕이 금성의 숲 속에
서 닭 우는 소리를 듣고 사람을 보내 살펴보게 했다. 금색의 작은 궤
가 나무에 걸려 있고 하얀 닭이 그 아래서 울고 있었다. 왕이 궤를 가
져와서 여니 기이하고 큼지막한 아기가 있었다. 이름을 알지라고 하고
아들로 삼았다. 금궤에서 나왔기 때문에 성을 김이라고 했다. 7대 뒤에
비로소 임금이 되었다.

新羅王味鄒卽閼智七世孫. 初脫解王聞金城林間 有雞聲使視之. 金色
小櫝掛樹 白雞鳴其下 王取開有兒奇偉 名閼智爲子. 出金櫝 故姓金.
七世乃爲王.

5. 궁예: 신라 헌안왕의 서자이다. 태어났을 때 일관이 죽이라고 충고
했다. 유모가 품에 안고 도망쳤다. 그때 유모의 잘못으로 손가락에 찔려
한쪽 눈이 멀었다. 나이 10여 살에 승려가 되었다. 그 뒤 철원을 근거지
로 반란을 일으켜 국호를 태봉이라 했다. 매우 포악하였다. 간(諫)하는
부인 강씨를 쇠공으로 음부를 쳐서 죽였다. 두 아들도 함께 죽였다.

弓裔新羅憲安王庶子. 生日官勸殺 乳母抱而逃. 誤觸手眇一目. 年十餘
爲僧. 後叛據鐵原國號泰封. 暴虐甚妻康氏諫以鐵杵撞其陰殺之. 幷二子.

6. 고구려 동명왕 주몽: 처음 동부여의 왕이 늙어서도 아들이 없었
다. 곤연에서 아기를 얻었는데 금색의 개구리 형상이어서 이름을 금와
라고 했다. 금와는 하백의 딸을 잡아 방에 가두어 두었다. 햇볕이 비취
더니 하백의 딸이 임신을 하여 큰 알 하나를 낳았다. 남자 아이가 알
을 깨고 나왔다. 7살 때부터 스스로 활과 화살을 만들었고 쏘아서 명
중시키지 못하는 것이 없었다. 민간에 유행하는 말로 활을 잘 쏘는 사
람을 주몽이라고 했다. 그래서 이름을 주몽으로 했다. 주몽은 졸본으로

도망쳤는데 그 군주가 사위로 삼았고 뒤에 왕이 되었다.

高句麗東明王朱蒙. 初扶餘王老無子 得小兒於鯤淵金色蛙形名金蛙. 蛙得河伯女幽於室中. 照日影有娠生一大卵. 男子破卵出. 七歲自作弓矢 無不中. 俗言善射者爲朱蒙故名. 逃卒本其主爲婿後爲王.

7. 가락국^{지금의 김해}: 처음 아도간 등이 거북봉을 멀리서 바라보니 기이한 기운이 있었다. 그곳에서 금으로 만든 그릇을 얻어 열어 보니 6개의 황금 알이 있었다. 하루도 지나지 않아 여섯 남자 아이가 껍질을 깨고 나왔다. 모두 기이하게 여겨 먼저 태어난 아이를 임금으로 삼았다. 무리 중에 먼저 나왔기 때문에 수로라고 불렀고 금 알에서 나왔기 때문에 성을 김으로 했다. 남천축국의 왕녀 허씨가 바다를 건너왔다. 왕이 그녀를 왕비로 맞아들여 아홉 아들을 낳았다. 두 아들은 어미의 성을 따랐다.

駕洛國^{今金海} 初阿刀干等望見龜峯有異氣. 得金盒 開見有六金卵. 不日 六男剖殼出. 咸異之 立始生者爲主. 以首出庶物 故稱首露 出金卵 故 姓金. 南天竺國王女許氏浮海至. 王迎爲后 生九子. 二子從母姓.

8. 탐라국: 처음에는 사람이 없었고 신인이 땅에서부터 나왔다. 맏이는 양을라, 다음은 고을라, 셋째는 부을라이다. 해변에서 사냥을 하다 세 여인과 망아지, 송아지, 오곡의 종자를 얻었다. 각각 한 사람씩의 여인을 부인으로 삼았다. 뒤에 고후와 고청이 신라에 와서 조회하였다. 신라왕은 고후를 성주라 칭하고 국호를 탐라로 내려 주었다.

耽羅國 初無人物 神人從地自出. 長良乙那 次高乙那 季夫乙那. 獵 海邊得三女 及駒犢 五穀種分娶之. 後高厚高淸來朝新羅. 羅王號厚星 主 賜國號耽羅.

9. 개성부: 성을 흙으로 쌓았다. 둘레가 2만 9천7백 보이고 늘어선 누각이 1만 3천 칸이다. 숭인, 안정 등 22개의 문이 있다.

開城府　羅城　土築. 周二萬九千七百步　羅閣一萬三千間. 有崇仁安定
等　二十二門.

10. 한양성: 돌로 쌓았다. 둘레가 9천9백75보이고 높이가 40척 2촌이
다. 8개의 문이 있다. 동쪽은 흥인지문이고 남쪽은 숭례문이며 서쪽은
돈의문^{사람들은 신문이라고 부른다.}이며 북쪽은 숙정문^{누각이 허물어지고 문은 잠겨 있다.}
이다. 동문과 북문 사이에는 혜화문이 있고 동문과 남문 사이에는 문^사
^{람들은 남소문이라고 부른다.}이 있었는데 지금은 폐쇄된 광희문이다.^{사람들은 수구문이}
^{라고 부른다. 지금은 동문과 남문 사이에 있다.} 서문과 남문 사이에는 소의문이고 서
문과 북문 사이는 창의문이다.

漢陽城　石築. 周九千九百七十五步　高四十尺二寸有八門　東曰興仁之門
南曰崇禮門^{人稱新門}　西曰敦義門^{人稱新門}　北曰肅靖門.^{樓毁門鎖}　東北間曰惠化門　東南間
門^{人稱南小門}　今廢光熙門.^{人稱水口門今往東南間}　西南間曰昭義門　西北門曰彰義門.

11. 단군은 처음에 도읍지를 평양으로 하였고 뒤에는 백악^{지금의 구월산}
으로 옮겼다. 기자는 평양^{뒤에 서도가 되었다.}을 도읍지로 하였다. 마한의 기
준은 금마군^{익산}을 도읍지로 하였다. 위만은 왕검성^{평양}을 도읍지로 하였
고 신라 시조는 경주를 도읍지로 하였다.^{국호를 서라벌 혹은 신라, 혹은 사로, 혹은}
^{사라 혹은 계림이라 하였고 뒤에 동경이 되었다.} 고구려 시조는 도읍지를 부여의 비
류수 상류^{성천}에 있는 졸본으로 하였고 산상왕은 환도성^{압록 동북쪽}으로 수
도를 옮겼다. 동천왕은 평양^{동황성과 장안성이 있다.}으로 수도를 옮겼다. 백제
의 시조는 하남의 위례성^{직산}을 도읍지로 하였고, 뒤에 한산^{광주}으로 옮
겼다. 근초고왕은 북한으로 수도를 옮겼고 문주왕은 웅진^{공주}으로 옮겼
고 명농왕^{성왕의 이름은} 사비^{부여}로 도읍을 옮겼다. 가락국의 수로왕은 가락
을 도읍으로 하고 금관국^{김해}이라 개칭하였다. 대가야의 시조 이진아고
왕은 대가야국^{고령}을 도읍지로 하였다. 고려 태조는 송악을 도읍지로 하
였고, 고종은 몽고 병사를 피하기 위해 강화를 도읍지로 하여 들어갔
고 원종은 송악으로 환도하였다. 우리 태조는 한양을 수도로 정하였고

정종은 송경[37]으로 환도하였다. 태종은 다시 한양을 도읍지로 하였다. 인조 때에는 남한산성을 축성하였고 숙종 때에는 북한산성을 축조하였다.

檀君初都平壤 後徙白岳.^{今爲九月山} 箕子都平壤.^{後爲西都} 馬韓箕準都金馬郡.^{益山} 衛滿都王儉城.^{平壤} 新羅始祖都慶州.^{國號徐羅伐或新羅或斯盧或斯羅或鷄林後鳥[38]東京} 高句麗始祖都卒本 夫餘沸流水上.^{成川} 山上王後都丸都城.^{鴨綠東北} 東川王移都平壤.^{有東黃城長安城} 百濟始祖都河南慰禮城.^{稷山} 後徙漢山.^{廣州} 近肖古王移都北漢 文周王移都熊津.^{公州} 明襪王^{聖王名} 移都泗沘.^{夫餘} 駕洛國首露王都駕洛 改稱金官國.^{金海} 大伽倻始祖伊珍阿鼓王都大伽倻國.^{高靈} 高麗太祖都松岳 高宗避冢兵 入都江華 元宗還都松岳. 我太祖定鼎漢陽 定宗還都松京 太宗復都漢陽. 仁祖朝築南漢 肅宗朝築北漢.

12. 전주를 중심으로 한 견훤, 철원을 본거지로 하는 궁예, 강릉을 주무대로 한 예국, 춘천의 맥국, 청도일대의 이서고국, 경주 안강현에 위치한 음즙벌국, 함안의 아호양국, 함창의 고녕가야국, 성주의 벽진가야국, 경산 일대의 압량소국, 동래의 장산국, 안동의 창녕국, 인천의 미추홀국, 의성의 소문국, 상주의 사벌국, 개녕의 감문국, 용강의 황룡국, 평양의 낙랑, 강릉의 임둔, 함흥의 현면, 요동의 직번이 있었다. 그리고 동옥저, 북옥저, 남옥저, 구다, 개마, 발해 등의 나라가 있었는데, 그 자취를 상고할 수 없다.

鄧萱^{全州} 弓裔^{鐵圓} 濊國^{江陵} 貊國^{春川} 荇人國^{寧邊} 悉直國^{三陟} 伊西古國^{清道} 音汁伐國^{慶州安康縣} 阿戶良國^{咸安} 小伽倻國^{固城} 古寧伽倻國^{咸昌} 碧珍伽倻國^{星州} 押梁小國^{慶山} 萇山國^{東萊} 昌寧國^{安東} 彌鄒忽國^{仁川} 召文國^{義城} 沙伐國^{尙州} 甘文國^{開寧} 黃龍國^{龍岡} 樂浪^{平壤} 臨屯^{江陵} 玄菟^{咸興} 眞蕃^{遼東} 東沃沮 北沃沮 南沃沮 句茶 蓋馬 勃海等國.^{迹無考}

---

37) 고려의 서울이었던 송도, 즉 개성을 말한다.
38) 원문은 鳥로 되어 있지만 爲가 되어야 할 것이다.

13. 관사(官司)

종친부, 의정부, 충훈부운대, 의빈부, 돈녕부, 중추부, 도총부, 의금부금오왕부, 한성부경조, 사헌부상대, 백부, 이조천관, 호조지부, 예조춘조, 병조기성, 형조추조, 공조수부, 규장각이문원, 내각, 승정원은대, 후원, 시강원춘방, 강서원부강왕세손, 사간원미원, 승문원괴원, 통례원홍려, 상서원, 상의원상방, 사용원주원, 내의원내국, 약방, 장악원이원, 사역원설원, 훈련원, 홍문관옥서, 영관, 예문관한원, 춘추관, 성균관국자감, 태학, 교서관비서성, 예각, 비변사묘당, 주사, 익위사규방, 위종사해위왕세손, 전설사, 준천사, 봉상시태상, 종부시척원, 녹청, 사도시, 사복시태복, 군기시무고, 내자시, 내섬시, 예빈시, 종묘서, 사직서, 전생서, 장원서낭원, 사포서, 혜민서, 활인서동서, 조지서, 도화서, 평시서, 전옥서, 와서, 기로소기영사, 정리소, 주자소감인소, 위장소, 관상감운관, 전의감, 사재감, 제용감, 군자감, 선공감, 자문감, 훈련도감훈국, 장용영본영, 용호영, 금위영, 어영청, 총융청, 선혜청, 호위청, 양향청, 포도청좌우, 순청좌우, 광흥창태창, 양현고, 장흥고, 의영고, 빙고동서, 동학, 남학, 서학, 중학, 동부, 남부, 서부, 북부, 중부. ○ 독서당호당 장례원, 전연사, 전함사, 보민사, 금화사, 소격서, 사온서, 사축서, 귀후서, 풍저창, 종학청, 수어청, 북학, 문소전, 연은전.이상의 관사는 지금은 폐지되었다.

官司

宗親府 議政府 忠勳府雲臺 儀賓府 敦寧府 中樞府 都摠府 義禁府今吾王府 漢城府京兆 司憲府霜臺 栢府 吏曹天官 戶曹地部 禮曹春曹 兵曹騎省 刑曹秋曹 工曹 奎章閣擒文院 內閣 承政院銀臺 喉院 侍講院春坊 講書院付講王世孫 司諫院薇垣 承政院槐院 通禮院鴻臚 尙瑞院 尙衣院尙方 司饔院廚院 內醫院內局 藥房 掌樂院梨園 司譯院舌院 訓練院 弘文館玉署 瀛館 藝文館翰苑 春秋館 成均館國子監 太學 校書館秘書省 藝閣 備邊司廟堂 籌司 翊衛司桂坊 衛從司陪衛王世孫 典設司 濬川司 奉常寺太常 宗簿寺瑽源 錄廳 司䆃寺 司僕寺太僕 軍器寺武庫 內資寺 內贍寺 禮賓寺 宗廟署 社稷署 典牲署 掌苑署閣苑 司圃署 惠民署 活人署東西 造紙署 圖畫署 平市署 典獄署 瓦署 耆老所耆英社 整理所 鑄字所監印所 衛將所 觀象監雲觀 典醫監 司宰監 濟用監 軍資監 繕工監

紫門監 訓練都監^{訓局} 壯勇營^{本營} 龍虎營 禁衛營 御營廳 摠戎廳 宣惠廳 扈衛廳 粮餉廳 捕盜廳^{左右} 巡廳^{左右} 廣興倉^{太倉} 養賢庫 長興庫 義盈庫 氷庫^{東西} 東學 南學 西學 中學 東部 南部 西部 北部 中部. ○ 讀書堂^{湖堂} 掌隷院 典涓司 典艦司 保民司 禁火司 昭格署 司醞署 司畜署 歸厚署 豊儲倉 宗學廳 守禦廳 北學 文昭殿 延恩殿.^{已上 今罷.}

14. 품질(品秩)

정일품 대광보국 숭록보국 숭록 종친 현록 흥록 의빈 채록 성록^{종친의} 처는 부부인이다. ○ 왕비의 어머니도 같다.

종일품 숭록 숭정 종친 소덕 가덕 의빈 정덕 숭덕^{종친의} 처는 군부인이다. ○ 이상 문무관의 처는 정경부인이다.

정이품 정헌 자헌 종친 숭헌 승헌 의빈 봉헌 통헌
종이품 가의 가선 종친 중의 명의 의빈 자의 순의^{종친의} 처는 계부인이다. ○ 이상 문남무관의 처는 정부인이다.

정삼품 통정 절충 종친 명선 의빈 봉순^{종친의} 처는 정부인이다. ○ 문남무관의 처는 숙부인이다.

정삼품 통훈 어모 종친 창선 의빈 정순
종삼품 중직 중훈 건공 보공 종친 보신 자신 의빈 명신 돈신^{종친} 처는 신인이다. ○ 이상 문남무관의 처는 숙인이다.

정사품 봉정 봉열 진위 소위 종친 선휘 광휘
종사품 조산 조봉 정략 선략 종친 봉성 광성^{종친의} 처는 혜인이다. ○ 이상 문남무관의 처는 영인이다.

정오품 통덕 통선 과의 충의 종친 통직 병직
종오품 봉직 봉훈 현신 창신 종친 근절 신절^{종친} 처는 온인이다. ○ 이상 문남무관의 처는 참인이다.

정육품 승의 승훈 돈용 진용 종친 숙순 종순^{종친의} 처는 온인이다.
종육품 선교 선무 여절 병절^{이상 문남무관의} 처는 선인이다.

정칠품 무공 적순

종칠품 계공 분순^{이상 문남무관의} 처는 안인이다.

정팔품 통사 승의

종팔품 승사 수의^{이상 문남무관의} 처는 서인이다.

정구품 종사 효력

종구품 장사 전력^{이상 문남무관의} 처는 유인이다.

品秩

正一品 大匡輔國 崇祿輔國 崇祿宗親 顯祿 興祿 儀賓 綏祿 成祿^{宗親}
妻府夫人〇 王妃母同.

從一品 崇祿 崇政 宗親 昭德 嘉德 儀賓 靖德 崇德^{宗親妻} 郡夫人. 〇 以上
文南武妻 貞敬夫人.

正二品 貞憲 資憲 宗親 崇憲 承憲 儀賓 奉憲 通憲

從二品 嘉義 嘉善 宗親 中義 明義 儀賓 資義 順義^{宗親妻縣夫人}. 〇 以上
文南武妻 貞夫人.

正三品 通政 折衝 宗親 明善 儀賓 奉順^{宗親妻} 愼夫人. 〇 文南武妻 叔夫人.

正三品 通訓 禦侮 宗親 彰善 儀賓 正順

從三品 中直 中訓 建功 保功 宗親 保信 資信 儀賓 明信 敦信^{宗親 妻}
愼人. 〇 以上文南武妻 叔人.

正四品 奉正 奉列 振威 昭威 宗親 宣徽 廣徽

從四品 朝散 朝奉 定略 宣略 宗親 奉成 光成^{宗親妻} 惠人. 〇 以上文南武妻 令人.

正五品 通德 通善 果毅 忠毅 宗親 通直 秉直

從五品 奉直 奉訓 顯信 彰信 宗親 謹節 信節^{宗親妻} 溫人. 〇 以上文南武妻 恭人.

正六品 承議 承訓 敦勇 進勇 宗親 執順 從順^{宗親妻} 溫人.

從六品 宣敎 宣務 勵節 秉節^{以上文南武妻} 宜人.

正七品 務功 迪順

從七品 啓功 奮順正八品 通仕 承義

從八品 承仕 修義^{以上文南武妻} 瑞人.

正九品 從仕 效力

從九品 將仕 展力^{以上文南武妻} 孺人.

15. 오부(五部)

자내등청, 서린, 수진, 견평, 관인, 경행, 정선, 장통.^{중부 팔방} 숭신, 연화, 서운, 덕성, 숭교, 연희, 관덕, 천달, 홍성, 창선, 달덕, 인창.^{동부 십이방} 광통, 호현, 명풍, 대평, 훈도, 성명, 낙선, 정심, 명철, 성희, 풍성.^{남부 십일방} 인달, 적선, 여경, 황화, 향생, 신화, 반송, 반석.^{서부 팔방} 광화, 양덕, 가회, 안국, 관광, 진장, 명통, 준수, 순화, 의통.^{북부 십방}

五部

字內澄清 瑞麟 壽進 堅平 寬仁 慶幸 貞善 長通.^{中部 八坊} 崇信 蓮花 瑞雲 德成 崇教 燕喜 觀德 泉達 興盛 彰善 達德 仁昌.^{東部 十二坊} 廣通 好賢 明禮 大平 薰陶 誠明 樂善 貞心 明哲 誠善 禮成.^{南部 十一坊} 仁達 積善 餘慶 皇華 養生 神化 盤松 盤石.^{西部 八坊} 廣化 陽德 嘉會 安國 觀光 鎭長 明通 俊秀 順化 義通.^{北部 十坊}

16. 경기(京畿)

광주, 강화, 양주, 고양, 안산, 부평, 양천, 과천, 금천,^{반일[39]} 수원, 남양, 통진, 양근, 가평, 용인, 진위, 양성, 교하, 적성, 파주, 인천, 김포, 포천, 양지,^{일일} 장단, 송도, 이천, 영평, 연천,^{일일반} 여주, 풍덕, 교동, 삭령, 마전, 죽산, 안성, 파평, 음죽.^{이일} 모두 36관이다.^{송도와 강화는 논하지 않는다.}

京畿

廣州 江華 楊洲 高陽 安山 富平 陽川 果川 衿川.^{並半日} 水原 南陽 通津 楊根 加平 龍仁 振威 陽城 交河 積城 坡州 仁川 金浦 抱川 陽智^{並一日} 長湍 松都 利川 永平 漣川^{並一日半} 驪州 豊德 喬桐 朔寧 麻田 竹山 安城 砥平 陰竹.^{並二日} 凡三十六官.^{松都江華不論.}

17. 충청도(忠淸道)

평택,^{일일반} 적산,^{이일} 천안, 진천, 아산,^{이일반} 청주, 충주, 괴산, 온양, 음

---

39) 서울에서 소요되는 시간을 나타낸다. 이하 같음.

성, 목천, 청안, 전의, 신창, 풍산,^{삼일} 대흥, 송주, 문의, 회덕,^{삼일반} 청풍, 단양, 옥천, 연풍, 회인, 보은, 홍주, 목천, 정산, 이산, 연기, 덕산, 청양, 결성, 해미,^{사일} 서산, 은진, 진잠, 연산, 부여, 석성, 보령, 당진, 임천, 제천, 영동,^{사일반} 영춘, 황간, 청산, 한산, 서천, 태안, 홍산, 남포,^{오일} 비인.^{오일반} 모두 54관이다.

忠淸道

平澤^{一日半} 稷山^{二日} 天安 鎭川 牙山^{並二日半} 淸州 忠州 槐山 溫陽 陰城 木川 淸安 全義 新昌 禮山^{並三日} 大興 公州 文義 懷德^{並三日半} 淸風 丹陽 沃川 延豐 懷仁 報恩 洪州 沔川 定山 尼山 燕岐 德山 靑陽 結城 海美^{並四日} 瑞山 恩津 鎭岑 連山 扶餘 石城 保寧 唐津 林川 提川 永同^{四日半} 永春 黃澗 靑山 韓山 舒川 泰安 鴻山 藍浦^{並五日} 庇仁.^{五日半} 凡五十四官.

18. 전라도(全羅道)

여산, 익산, 진산, 고산, 함열, 용안,^{오일} 금산, 무주, 임피,^{오일반} 전주, 김제, 만경, 금구, 용담, 태인, 옥구,^{육일} 임실, 정읍, 고부, 부안, 진안,^{육일반} 남원, 장성, 흥덕, 고창, 무장,^{칠일} 함평, 순창, 장수,^{칠일반} 나주, 광주, 담양, 영광, 창평, 곡성, 옥과, 운봉, 구례,^{팔일} 무안, 능주, 남평, 동복,^{팔일반} 순천, 영암, 보성, 화순,^{구일} 장흥, 악안, 강진, 광양,^{십일} 해남,^{십일일} 흥양, 진도, 제주, 대정, 정의.^{십일일반} 모두 56관이다.

全羅道

礪山 益山 珍山 高山 咸悅 龍安^{並五日} 錦山 茂朱 任陂^{並五日半} 全州 金堤 萬頃 金溝 龍潭 泰仁 沃溝^{並六日} 任實 井邑 古阜 扶安 鎭安^{並六日半} 南原 長城 興德 高敞 茂長^{並七日} 咸平 淳昌 長水^{並七日半} 羅州 光州 潭陽 靈光 昌平 谷城 玉果 雲峯 求禮^{並八日} 務安 綾州 南平 同復^{並八日半} 順天 靈巖 寶城 和順^{並九日} 長興 樂安 康津 光陽^{並十日} 海南^{十一日} 興陽 珍島 濟州 大靜 旌義.^{並十一日半} 凡五十六官.

19. 경상도(慶尙道)

문경,^{사일} 풍기,^{사일반} 상주, 순흥, 영천, 용궁, 함창,^{오일} 봉화, 예천,^{오일반} 안동, 선산, 금산, 비안, 예안, 개령,^{육일} 청송, 인동, 의성, 군위,^{육일반} 성주, 칠곡, 함양, 진보, 하양, 의흥, 지례,^{칠일} 신령, 영천, 대구, 고령,^{칠일반} 영해, 청도, 자인, 영양, 합천, 초계, 영덕, 경산, 현풍, 영산, 거창,^{팔일} 안의, 창령,^{팔일반} 경주, 밀양, 흥해, 연일, 삼가, 의령, 산청, 칠원,^{구일} 창원, 장기, 함안, 청하, 언양, 진주,^{구일반} 김해, 양산, 진해, 단성, 웅천, 울산,^{십일} 하동, 고성, 곤양,^{십일반} 동래, 기장, 사천,^{십일일} 거제, 남해.^{십일일반} 모두 71관이다.

慶尙道

聞慶^{四日} 豐基^{四日半} 尙州 順興 榮川 龍宮 咸昌^{並五日} 奉化 醴泉^{並五日半} 安東 善山 金山 比安 禮安 開寧^{並六日} 靑松 仁同 義城 軍威^{並六日半} 星州 漆谷 咸陽 眞寶 河陽 義興 知禮^{並七日} 新寧 永川 大邱 高靈^{並七日半} 寧海 淸道 慈仁 英陽 陜川 草溪 盈德 慶山 玄風 靈山 居昌^{並八日} 安義 昌寧^{並八日半} 慶州 密陽 興海 延日 三嘉 宜寧 山靑 漆原^{並九日} 昌原 長鬐 咸安 淸河 彦陽 晉州^{並九日半} 金海 梁山 鎭海 丹城 熊川 蔚山^{並十日} 河東 固城 昆陽^{並十日半} 東萊 機張 泗川^{並十一日} 巨濟 南海.^{並十一日半} 凡七十一官.

20. 강원도(江原道)

춘천,^{이일} 홍천, 철원,^{이일반} 원주, 횡성, 낭천, 안협, 평강, 금화,^{삼일} 이천,^{삼일반} 통천, 흡곡, 금성, 인제, 양구,^{사일} 평창,^{사일반} 회양, 영월,^{오일} 고성, 정선,^{오일반} 양양, 간성,^{육일} 강릉, 삼척,^{칠일} 울진,^{십일} 평해.^{십일일} 모두 26관이다.

江原道

春川^{二日} 洪川 鐵原^{並二日半} 原州 橫城 狼川 安峽 平康 金化^{並三日} 伊川^{三日半} 通川 歙谷 金城 麟蹄 楊口^{並四日} 平昌^{四日半} 淮陽 寧越^{並五日} 高城 旌善^{並五日半} 襄陽 杆城^{並六日} 江陵 三陟^{並七日} 蔚珍^{十日} 平海^{十一日} 凡二十六官.

21. 황해도(黃海道)

금천, 백천, 토산,^{이일반} 평산, 연안,^{삼일} 해주, 재령, 신계,^{사일} 서흥,^{사일반} 곡산, 수안, 봉산, 신천, 옹진, 강영,^{오일} 황주, 안악, 은율, 문화,^{오일반} 풍천, 장연, 장련, 송화.^{육일} 모두 23관이다.

黃海道

金川 白川 兎山^{並二日半} 平山 延安^{並三日} 海州 載寧 新溪^{並四日} 瑞興^{四日半} 谷山 遂安 鳳山 信川 甕津 康翎^{並五日} 黃州 安岳 殷栗 文化^{並五日半} 豐川 長淵 長連 松禾.^{並六日} 凡二十三官.

22. 평안도(平安道)

중화,^{육일} 평양,^{육일반} 삼화, 상원, 순안, 용강, 강서,^{칠일} 자산, 함종, 증산, 영유, 삼등, 강동,^{칠일반} 성천, 숙천, 순천,^{팔일} 안주, 은산,^{팔일반} 영변, 박천, 개천, 가산,^{구일} 운산, 태천,^{구일반} 정주, 구성, 덕천, 곽산,^{십일} 선천, 희천, 영원, 양덕,^{십일일} 삭주, 철산, 용천,^{십이일} 의주, 초산, 맹산,^{십삼일} 창성, 위원,^{십사일} 강계,^{십오일} 벽동.^{십오일반} 모두 42관이다.

平安道

中和^{六日} 平壤^{六日半} 三和 祥原 順安 龍崗 江西^{並七日} 慈山 咸從 甑山 永柔 三登 江東^{並七日半} 成川 肅川 順川^{並八日} 安州 殷山^{並八日半} 寧邊 博川 价川 嘉山^{並九日} 雲山 泰川^{並九日半} 定州 龜城 德川 郭山^{並十日} 宣川 熙川 寧遠 陽德^{並十一日} 朔州 鐵山 龍川^{並十二日} 義州 楚山 孟山^{並十三日} 昌城 渭源^{並十四日} 江界^{十五日} 碧潼.^{十五日半} 凡四十二官.

23. 함경도(咸鏡道)

안변,^{육일반} 덕원,^{칠일} 문천,^{칠일반} 고원,^{팔일} 영흥,^{팔일반} 정평,^{구일} 함흥,^{구일반} 홍원,^{십일일} 북청,^{십이일} 이성,^{십삼일} 단천,^{십사일} 갑산,^{십오일반} 길주,^{십육일} 명천,^{십칠일} 삼수,^{십칠일반} 경성,^{십구일} 무산, 부령,^{이십일} 회령,^{이십일일반} 종성,^{이십이일} 온성,^{이십삼일} 경원,^{이십사일} 경흥.^{이십사일반} 모두 23관이다.

咸鏡道

安邊六日半　德源七日　文川七日半　高原八日　永興八日半　定平九日　咸興九日半　洪原十一日　北青十二日　利城十三日　端川十四日　甲山十五日半　吉州十六日　明川十七日　三水十七日半　鏡城十九日　茂山　富寧並二十日　會寧二十一日半　鍾城二十二日　穩城二十三日　慶源二十四日　慶興. 二十四日半　凡二十三官.

제4장 국속(國俗)

1. 기자가 우리나라로 올 때 수행한 중국인이 5천 명이었다. 시, 서, 예, 악, 의약, 무속, 음양, 복서의 전문가들이 모두 따라왔다. 우리나라의 풍속이 억센 것을 걱정해 버드나무를 심어 그 성질을 누그러뜨렸다. 그래서 평양을 류경이라고 불렀다.

箕子東來　中國人隨者五千.　詩書禮樂醫巫陰陽卜筮　百工皆從.　患東俗强　種柳柔其性.　故平壤稱柳京.

2. 신라 진덕왕^{여왕}은 관료의 복식을 처음으로 중국의 제도에 따랐다.

新羅眞德主^{女主}　冠服始從華制.

3. 고려 충렬왕은 흰옷을 금지시키고 앞머리를 깎고 원나라 의복과 관을 착용하게 하였다.

高麗忠烈王　禁白衣制頭服元衣冠.

4. 신우는 관료의 복식을 중국의 제도에 따라 수립하고 다시 오랑캐의 복식을 금지시켰다.

辛禑　立官服從華制　復禁胡服.

5. 다리 밟기 놀이[踏橋之戲]: 고려 때에 시작되었다. 평시에도 매우 성행했다. 처녀 총각들이 무리 지어 밤을 새면서도 그만두지 않았다. 법을 집행하는 관리들이 금지하고 체포하는 지경에 이르렀다. 임진란 뒤에 이런 풍속이 없어졌다.

踏橋之戲　始自麗朝　在平時甚盛.　士女騈闐達夜不止.　法官至於禁補

壬辰亂後 無此俗.

6. 관등(觀燈): 우리나라도 역시 정월 초하루 밤에 있었다. 고려의 최이가 처음으로 4월 8일에 관등을 행했다. 대개 고려왕조는 부처를 숭배하였기 때문에 그렇게 했다. 석가여래는 이날 태어났을 뿐이다. ○ 고사를 보면 정월 초하루부터 날마다 콩을 모아 이날이 되면 그 콩을 삶은 물에 불상을 목욕시켰다고 한다. 요즘의 콩을 삶는 것이 그 풍습의 잔재가 아닐까 한다.

觀燈 東國亦於元夜. 高麗崔怡始行四月八日. 蓋麗朝尙佛故爲. 如來生於此日耳. ○ 按故事 自元朝日聚大豆 至是煮水浴佛云. 今之蒸豆疑其遺俗歟.

7. 유두절(流頭節): 신라의 옛 풍속으로, 이날은 동쪽으로 흐르는 물에 목욕하고 제사를 지내며 잔치를 벌였는데 이를 유두연이라고 했다.

流頭節 新羅舊俗. 是日浴東流水爲禊飮 謂之流頭宴.

8. 약밥[藥飯]: 신라 소지왕 정월 15일에 편지를 물고 와서 우는 새가 있었다. 편지 겉봉에 '봉투를 열면 두 사람이 죽고 열지 않으면 한 사람이 죽는다'고 써 있었다. 봉투를 열고 편지를 보니 '거문고 궤를 활로 쏘아라'라고 써 있었다. 왕이 궁궐로 돌아와 거문고 궤를 활로 쏘았다. 그랬더니 내전에서 향불을 피우고 수행하면서 왕비와 사통하는 중이 궤 안에 있었다. 왕비와 중을 죽였다. 이때부터 나라 사람들이 이날에 찹쌀밥을 지어 새에게 먹였다.

藥飯. 新羅炤智王正月十五日 有鳥含書來鳴. 書其外曰開二人死 不開一人死. 開見書曰射琴匣. 王入宮射之. 乃內殿焚修僧與王妃通者在匣中 誅妃與僧. 自是國人是日作糯飯飼鳥.

9. 팥죽[豆粥]: 공공(共工)의 못난 아들이 동짓날 죽어 역질 귀신이

되었다. 그 아들이 팥을 두려워하였기 때문에 사람들은 팥으로 죽을 만들어 액운을 물리쳤다.

豆粥 共工不才子冬至日死爲厲. 畏赤豆故作粥禳之.

10. 담배[南靈草]: 지금은 연다라고 부른다. 다른 이름은 담파고^{淡婆姑라고 적}이다. 왜에서 생산된다. 혹은 남만에서부터 전해진 것이라고도 한다.

南靈草 今稱烟茶 一名淡巴菰^{或作淡婆姑.} 出於倭 或云傳自南蠻.

11. 신라 진덕여왕은 정월 초하루에 백관들의 하례를 받기 시작했다.

新羅 眞德王 始自正月朔 受百官朝賀.

12. 고려 성종은 풍년을 비는 제사를 지내기 시작했다.

高麗成宗 始行祈穀祭.

13. 여성의 재혼 금지[禁改嫁]: 우리 조선의 성종조에 비로소 재혼한 여성이 낳은 자손을 동서반의 관직에 서용하지 못하게 하라고 명령을 내렸다.

禁改嫁. 我成宗朝 始令改嫁子孫 勿敍東西班.

제2부

사람들의 염원이나 상상(想像)

제5장 탄육(誕育)

1. 복희의 어머니 화서: 뇌택에서 거인의 발자국을 밟고 복희를 낳았다.

宓戲母華胥 履大人迹於雷澤而生帝.

2. 신농의 어머니 여등: 유와의 딸로 유웅국의 임금의 왕비가 되었다. 신룡에 감응하여 신농을 낳았다.

神農母女登 有媧之女爲有熊國君妃. 感神龍而生帝.

3. 황제의 어머니 부보: 큰 번개가 북두의 첫 번째 별인 추성을 휘감는 것을 보고 몸에 감응을 느껴 스무 달 후에 황제를 낳았다.

黃帝母附寶 見大電遶北斗樞星 感有身二十月生帝.

4. 소호의 어머니 누조: 바로 서릉씨다. 큰 별이 무지개처럼 화저를 내리비추는 것에 감응하여 현효[40]를 낳았다.

少皥母嫘祖 卽西陵氏. 感大星如虹臨華渚而生玄囂.

5. 전욱의 어머니 창복: 북두칠성의 일곱 번째 별인 요광성이 달을 관통하는 것을 보고 감응하여 전욱을 낳았다.

顓頊母昌僕 感瑤光貫月而生帝.

6. 요임금의 어머니 경도: 붉은 번개에 감응하여 임신한 후 14개월 만에 요임금을 낳았다.

帝堯母慶都 感赤電任身十四月生帝.

---

40) 玄囂는 소호씨의 이름이다.

7. 순임금의 어머니 악등: 큰 무지개를 보고 감응하여 순임금을 낳았다.

帝舜母握登 見大虹感而生帝.

8. 하나라 우임금의 어머니 수이: 유성이 묘성을 관통하는 것을 보고 감응하여 임신한 후 14개월 만에 등을 찢고 우임금을 낳았다.

夏禹母 脩已 感流星貫昴懷孕十四月 坼背而生禹.

9. 은나라 탕임금의 어머니 부도씨: 흰 기운이 달을 관통하는 것을 보고 뜻이 감응하여 탕임금을 낳았다.

殷湯母扶都氏 見白氣貫月意感而生帝.

10. 설의 어머니 간적: 제비가 알을 떨어뜨리는 것을 보고 이 알을 삼키고 임신하여 가슴을 가르고 설을 낳았다. 은나라의 조상이다.

契母簡狄 見玄鳥墮卵吞而孕 剖胸而生卨爲殷祖.

11. 후직의 어머니 강원: 제곡의 첫 부인이 되었다. 들판에 나갔다가 거인의 발자국을 보고 마음으로 기뻐하며 따라갔다 기를 낳았다. 상스럽지 못하다고 생각해서 버렸기 때문에 이름을 기라고 한 것이다. 주나라의 시조가 된다.

后稷母姜嫄爲帝嚳元妃. 出野見巨人迹 心欣然踐而生棄爲不祥棄之. 故名棄爲周始祖.

12. 공자의 아버지 숙량흘과 안씨녀^{이름은 징재이다}: 이구산에서 기도하여 공자를 낳았다. 48편의 표를 갖추고 있다.^{주나라 영왕 22년 경술 11월.}

孔子父叔梁紇 與顏氏女^{名徵在} 禱於尼丘山而生. 具四十八表.^{周靈王二十二年庚戌十一月.}

13. 노자: 성은 이(李)이고 이름은 이(耳)이며 자는 백양이고 시호는 담이다. 수태된 지 81년 만에 어미의 옆구리를 가르고 출생하였다. 자두나무를 가리켜서 이가 성이 되었다. 38편의 표를 갖추고 있다.^{주나라 정왕 때.}

老子姓李名耳字伯陽諡曰聃. 懷胎八十一年 剖母左腋而出. 指李樹爲姓. 其三十八表.^{周定王時.}

14. 석가모니불: 이름은 실달이고 호칭은 여래이다. 도솔천에서 서역 가유국 정반왕의 궁궐에 신이 내려와 마야 부인의 오른쪽 옆구리를 가르고 태어났다. 32편의 표를 갖추고 있다.^{주나라 소왕 24년 갑인.}

釋迦牟尼佛名悉達號稱如來. 兜率降神於西域迦維國淨飯王宮摩耶夫人 剖右脅而生. 具三十二表.^{周昭王 二十四年 甲寅.}

15. 팽조: 어미의 옆구리를 가르고 태어났다.

彭祖 剖母脅而生.

16. 포사: 하나라가 끝날 무렵 두 용이 내려와서 자신들은 포의 두 군주라고 말하였다. 점을 쳐 보고 그 용의 침을 넣어 두었다. 주나라 때에 와서 침을 넣어 놓은 상자를 열었더니 침이 변해서 큰 자라가 되었다. 한 어린 여자 아이가 그 자라와 마주친 후 아이를 가져 포사를 낳았다.

褒姒 夏后之世 有二龍降于庭曰予褒之二君. 卜藏其㳁. 至周發之㳁化爲黿. 童女遇而娠生褒姒.

17. 서언왕: 알을 가르고 태어났다.

徐偃王 剖卵而生.

18. 신라시조의 비 알영: 알영정에 용이 나타나 오른쪽 옆구리로 여

자 아이를 낳았다. 우물 이름을 따서 알영이라고 하였다.

新羅始祖妃閼英 龍見閼英井 右脅生女以井名.

19. 진왕 정은 잉태된 지 12달 만에 태어났다. 한나라 소제는 잉태된 지 14달 만에 태어났다. 신라의 김유신은 잉태된 지 20달 만에 태어났다.

秦王政在孕十二月生. 漢昭帝孕十四月生. 新羅金庾信孕二十月生.

20. 팽조는 부인이 49명이고 자식이 54명이다. 양나라의 고사원은 부인이 9명이고 자녀가 12명이었다. 막내의 나이가 이미 60이었다.

彭祖娶四十九妻 有五十四子. 梁顧思遠九娶 有子十二人. 小者年已六十.

21. 주나라 문왕은 자녀가 10명이었다. 제나라 전상은 아들이 60여 명이었다. 전영은 자녀가 40여 명이었다.

周文王有子十人. 齊田常有七十餘男.田嬰有子四十餘人.

22. 한나라 중산왕 유승은 자녀가 120명이었다. 명나라 경성왕은 자녀가 100명이었다.

漢中山王勝有子一百二十人. 皇明慶成王有子百人.

23. 토속휘는 모용외의 형이다. 자녀가 60명이었다.

吐谷渾慕容廆兄也. 有子六十人.

24. 두자미는 자녀가 140명이었다.

杜子微有子一百四十人.

25. 주나라 무왕은 나이 80에 성왕을 낳았다. 양나라 장원시는 나이 96에 비로소 아들 무영을 낳았다.

周武王八十生成王. 梁張元始九十七始生子無影.

26. 송나라 조태는 나이 85에 어린 나이의 부인을 만나 아들 일중을
낳았다. 무영은 자녀가 70명이었고 그 모두가 또한 자손이 있었다고
한다.

宋曹泰八十五 偶少妻生子日中. 無影其子七十卒 亦有子孫云.

제6장 자성(姿性)

―동물 및 곤충에 관한 내용을 첨부하였다―

1. 천황씨(天皇氏)는 세 개의 혀와 비늘 덮인 몸을 갖고 있었다. 지황씨(地皇氏)는 용의 이마에 말의 발굽을 하고 있었다. 인황씨(人皇氏)는 사람의 얼굴에 용의 몸을 하고 있었고 몸에는 아홉 가지 무늬가 있었다.

天皇氏三舌鱗身. 地皇氏龍顙馬蹄. 人皇氏人面龍身 身有九章.

2. 복희(虙犧)는 뱀 몸에 사람 머리를 하고 있었다. 신농(神農)씨는 사람 몸에 소의 머리, 큰 눈썹을 하고 있었다. 황제(黃帝)는 움푹 들어간 눈과 툭 튀어 나온 이마에 해 모양으로 튀어 나온 뿔이 있었고 용의 얼굴을 하고 있었다.

虙犧蛇身人首. 神農人身牛首大眉. 黃帝河目降顙日角龍顔.

3. 요임금은 눈썹에 여덟 가지 광채가 났다. 순임금은 눈동자가 넷이었다. 우임금은 9척 9촌의 키에 긴 목, 새의 부리, 호랑이의 코, 세 개의 구멍이 있는 두 귀를 갖고 있었다. 탕임금은 9척의 키에 한 팔에 두 개의 관절을 갖고 있었다.

堯眉八彩. 舜四瞳子. 禹九尺九寸長 頸鳥喙虎鼻兩耳三漏.^{竅也} 湯九尺臂二肘.

4. 공공(共工)씨는 강회(康回)이다. 털북숭이 몸에 붉은 머리카락을 하고 있었다. 사황(史皇)씨는 창힐(蒼頡)이다. 네 개의 눈을 갖고 있었다.

共工氏卽康回. 髦身朱髮. 史皇氏卽蒼頡四目.

5. 치우(蚩尤)의 형제 18명은 모두 짐승 몸에 사람 말을 하였고 머리는 동으로 이마는 쇠로 되어 있었고 오곡을 먹지 않고 모래를 씹으며 돌을 삼켰다.

蚩尤兄弟十八人 並獸身人語銅頭鐵額 不食五穀啗沙呑石.

6. 주나라 문왕은 키가 10척에 유방이 넷이었다. 영왕은 태어날 때 수염이 있었다. 진나라 문공은 갈비뼈가 통째로 붙어 있었다.

周文王長十尺四乳. 靈王生而有鬚. 晉文公駢脅.

7. 공자는 10척의 키에 [허리둘레가] 9위[41]나 될 정도로 컸고 아래위가 넓고 평평하며 긴 눈과 깊숙한 입을 갖고 있었고 앉아 있는 모습이 웅크리고 있는 용과 같았다. 노자는 발로 팔괘를 밟고 있었다.

孔子十尺大九圍河目海口 坐如蹲龍. 老子足履八卦.

8. 조정은 팔자 눈썹을 하고 있었다. 방상씨는 황금빛 눈을 네 개 갖고 있었다.

鳥庭八眉. 方相氏黃金四目.

9. 당숙우는 손에 우라는 글자가 있었다. 송나라 중자는 태어났을 때 손에 무늬가 있었는데 '노나라 부인이 된다[爲魯夫人]'는 글이었다.

唐叔虞有文在手曰虞. 宋仲子生而有文在手曰爲魯夫人.

10. 공손여는 키가 7척이었는데 얼굴 길이가 3척에 얼굴 넓이가 3촌이었다. 오자서는 키가 10척이었고 눈썹 사이가 1척이었다. 허리가 커

---

41) 圍는 원래 사람이 양팔을 벌려 안았을 때 그 둘레의 길이 즉 한 아름을 가리킨다. 다른 설에 따르면 다섯 치의 둘레를 말한다고 한다. 여기서 공자의 허리가 9아름이라는 것은 상식적으로 받아들일 수 없다. 아마도 여기서의 위는 다섯 치로 보는 것이 타당할 것이다.

서 둘레가 10위였다. 완옹중42)은 키가 2장 3척이었고 진시황을 위해 목숨을 바쳤다. 주조된 동상이 궁궐 문에 세워졌다.

公孫呂 尺面長三尺廣三寸. 伍子胥十尺 眉間一尺 腰大十圍. 阮翁仲 二丈三尺死始皇. 鑄像置宮門.

11. 요리43)는 매우 수척하고 말라서 매번 나갈 때마다 순풍을 만나면 가고 역풍을 만나면 넘어졌다.

要離羸瘦極每出 遇順風卽行 逆風卽倒.

12. 항우는 눈동자가 둘이었다. 수나라의 어구라는 눈동자가 둘이었다. 오대의 유안(劉旻 확인)은 눈동자가 둘이었다. 양나라의 심약은 왼쪽 눈의 눈동자가 둘이었다. 남당의 이욱은 한 눈의 눈동자가 둘이었다.

項羽重瞳. 隋魚俱羅重瞳. 五代劉旻重瞳. 梁沈約左目重瞳. 南唐李煜 一目重瞳.

13. 한나라 고조는 코가 우뚝하였고 용의 얼굴을 하고 있었으며 왼쪽 허벅지에 72개의 검은 점이 있었다.

漢高祖隆準音拙龍顔 左股有七十二黑子.

---

42) 남해 거인 장사다. 진시황은 완옹중을 시켜 흉노족 등 북방 침략자를 토
   벌하여 격퇴시키도록 하였다. 옹중은 가는 곳마다 적을 밟아 죽였으므로
   흉노족은 옹중을 보기만 하여도 혼비백산하여 도주하였다. 그가 죽으니
   진시황제는 그의 공로를 생각하여 그의 상을 구리로 만들어 아방궁 문밖
   에 세워 두었다. 한편 흉노족은 옹중이 죽었다는 소식을 듣고 그 원한을
   풀기 위해 쳐들어왔다. 멀리서 아방궁 쪽을 바라보니 옹중이 의젓하게 서
   있지 않는가? 이를 바라본 흉노족은 옹중이 죽었다는 말이 헛소문이라 하
   며 그대로 도망갔다. 이때 진나라 사람들이 완옹중은 살아서나 죽어서나
   나라를 지킨 수호신이라 하여 그의 상을 구리나 돌로 만들고 궁궐이나 관
   아 앞에 세우게 되었다(네이버—돌하르방의 유래 참조).
43) 춘추시대 오나라의 자객이다. 합려의 명령을 받고 慶忌를 죽이려다 실패
   하여 자살했다(대한화사전10권 310쪽).

14. 동방삭은 키가 9척 3촌이었다. 왕란은 키가 9척이었고 허리가 커서 10위나 되었다. 우연은 키가 8척 6촌에 허리가 커서 둘레가 10위나 되었고 힘은 청동으로 만든 솥을 들어 올릴 수 있었다.

東方朔長九尺三寸. 王鸞九尺腰大十圍. 虞延八尺六寸 腰大十圍 力能扛鼎.

15. 곽태는 키가 8척이었고 모습은 크고 훌륭하였고 목소리는 큰 종소리와 같았다. 조일은 키가 9척이고 몸체가 큰 오동나무와 같았다.

郭泰八尺 容貌魁偉 聲如洪鐘. 趙壹九尺 體貌魁梧.

16. 허저는 키가 8척 남짓이었고 허리띠 둘레가 10위였다. 유신과 녹온은 모두 키가 8척이었고 허리띠 둘레가 10위였다.

許褚八尺餘 腰帶十圍. 庚信鹿溫 皆八尺腰帶十圍.

17. 관운장은 턱수염과 구레나룻이 아름다웠다. 턱수염 안의 한 다발의 수염은 더 길어서 길이가 2척 남짓이었다. 수염의 색은 칠흑 같았고 다발을 이루어 굳건했다. 항상 흔들려서 움직이면 반드시 큰 전쟁이 있었다.

關雲長美髭髯. 內一鬚尤長二尺餘. 色如漆索而勁. 常自震動 必有大征戰.

18. 허순은 아름다운 구레나룻이 허리띠까지 내려왔다. 제나라 문선이 술에 취해서 수염의 반을 잘랐다. 환관 동관은 구레나룻이 수십 가닥 있었다.

許惇美髯至帶. 齊文宣醉載其半. 閹寺童貫有髯數十.

19. 환온은 얼굴에 칠성점이 있었다. 도홍경은 오른쪽 무릎에 수십 개의 검은 점이 칠성 무늬를 이루고 있었다. 주자는 얼굴에 칠성점이 있었다. 소동파는 얼굴에 일곱 개의 검은 점이 있었다. 진헌장은 왼쪽

뺨에 일곱 개의 검은 점이 북두칠성 모양으로 있었다.

桓溫面有七星. 陶弘景右膝有數十黑子作七星文. 朱子面有七星. 蘇東坡面有七黑子. 陳憲章左顙有七黑子如北斗.

20. 순임금, 주공, 자공은 키가 작았다. 안영, 순우곤, 전문, 공수는 모두 키가 작고 몸집이 작았다. 상유한44)은 몸은 작았고 얼굴 길이가 1척이었다.

帝舜 周公 子貢 短. 晏嬰 淳于髡 田文 龔遂 皆短小. 桑維翰身短面長一尺.

21. 곽해45), 엄연년46), 누호, 이신은 모두 키가 작고 몸집이 작았지만 날래고 사나웠다.

郭解 嚴延年 婁護 李紳 皆短小精悍.

22. 한비, 주창, 사마상여, 양웅, 등애는 모두 말을 더듬었다.^{초수47)는 말을 더듬었기 때문에 말을 하지 않았지만 술에 취하면 주고받는 것이 마치 활을 쏘는 것 같았다.}

韓非 周昌 司馬相如 揚雄 鄧艾 皆口吃. ^{焦遂口吃不言 醉後酬酢如射}

23. 한나라 소열황제는 손을 늘어뜨리면 무릎 아래에까지 내려왔고

---

44) 중국 오대(五代) 진(晉)나라 하남(河南) 사람. 자(字)는 국교(國僑). 벼슬이 중서령(中書令) 겸 추밀사(樞密使)에 이름. 진나라 임금이 광대에게 상을 내림이 절도가 없으므로 이를 간언하였으나 받아들여지지 않음. 뒤에 경연광(景延廣)이 맹약에 실패하여 거란이 진(晉)을 쳤는데 이때 죽음(네이버 백과사전).

45) 사마천과 동시대 인물로 이름난 유협이다. 유가파들의 박해를 받아 전 가족이 몰살당함. 사마천은 이 사건을 계기로 「유협열전」을 쓴다. 엠파스 검색

46) 한선제(漢宣帝) 통치 시기 하남태수(河南太守). 자(字)는 차경(次卿)이다. 신작(神爵) 4년 기원전 62년 범죄자를 처단했는데 피가 몇 리里 땅에 걸쳐 흘렀다고 한다. 하남의 백성들은 그를 도백(屠伯)이라 불렀다. 엠파스 검색

47) 당대의 인물. 이백, 하지장, 이적지, 여양왕이연, 최종지, 소진, 장욱, 초수 등 여덟 명이 술을 즐겨 마시고 시를 잘 짓고 하기에 이들을 주중팔선이라 한다.

돌아보면 자신의 귀가 보였다. 진나라 무제는 머리카락을 늘어뜨리면 땅에 끌렸고 손은 무릎 아래까지 내려왔다. 모용수는 손을 늘어뜨리면 무릎 아래까지 내려왔다. 진나라 무제는 손을 늘어뜨리면 무릎 아래까지 내려왔다. 주나라 문제는 머리카락이 길어 땅에 끌렸고 손을 늘어 뜨리면 무릎 아래까지 내려왔고 등에는 검은 점이 있었는데 빙빙 돌아서 마치 용이 똬리를 틀고 있는 모양이었다.

漢昭烈垂手過膝 顧見其耳. 晉武帝髮委地 手過膝. 慕容垂垂手過膝. 陳武帝垂手過膝. 周文帝 髮長委地 垂手過膝 背有黑子 宛轉若龍蟠形.

24. 진나라 왕 부견은 등에 붉은 무늬가 있었는데 은근히 초부신우사(草付臣又土)[48]라는 글자 모양을 이루었다. 팔을 늘어뜨리면 손이 무릎 아래에까지 내려왔다. 얼굴에는 붉은 광채가 났다. 양나라 무제는 무(武) 자 무늬가 오른손과 왼손에 있었다.

秦王符堅背有赤文 隱起成字曰草付臣又土. 手過膝 面有紫光. 梁武帝有文在左右手曰武.

25. 유연은 수염 길이가 3척이어서 가슴까지 내려왔다. 붉은 털 세 뿌리가 있었는데 길이가 3척 6촌이었다. 유총은 왼쪽 귀의 털 길이가 2척이었는데 광택이 예사롭지 않았다. 유요는 눈썹이 흰색이었고 수염은 4척 남짓이었다.

劉淵鬚長三尺當心. 有赤毛三根 長三尺六寸. 劉聰左耳毛 長二尺 光澤非常. 劉曜眉白鬚四尺餘.

26. 모용황[49]은 용안에 앞으로 튀어 나온 치아를 하고 있었다. 십익

---

48) 부견(苻堅)을 파자하면 草付臣又土가 된다.
49) 중국 5호16국시대 전연(前燕)의 제1대 왕(재위 337~348). 모용 외의 아들. 337년 연왕이라 칭하고 조양에 도읍을 정했다. 고구려를 격파, 시라무렌강 유역, 북경·롄진 북방에 미치는 대세력이 되었다.

건50)은 우뚝 솟은 코에 용안을 하고 있었다. 서면 머리카락이 땅에까지 닿았고 누우면 유방이 자리에까지 늘어져 닿았다.

慕容皝龍顏版齒. 什翼犍隆準龍顏 立則髮委地 臥則乳垂在席.

27. 제나라 선제는 비늘 덮인 몸을 하고 있었고 복사뼈가 둘이었다. 수나라 고조는 이마에 기둥 같은 혹이 5개가 있었고 손에는 왕이라는 글자 무늬가 있었다.

齊宣帝鱗身重踝. 隋高祖額有五柱有文在手曰王.

28. 이광필의 어머니는 수염이 수십 가닥 있었고 그 길이가 5촌 남짓이었다. 한국부인에 봉해졌고 두 아들은 왕에 봉해졌다.

李光弼母有髭數十長五寸. 許封韓國夫人二子封王.

29. 신라의 김유신은 등에 북두칠성 모양의 점이 있었다. 궁예는 태어날 때 이가 나 있었다. 키가 18척이었고 발 길이가 3척이었다.

新羅金庾信 背有七星. 弓裔生而有齒 身長十八尺 足長三尺.

30. 거무패51)는 키가 10척이었고 [허리둘레가] 커서 10위나 되었다. 한 마리 말이 끄는 수레로는 실을 수 없었고 세 마리 말도 힘으로 이길 수 없었다.

巨無覇長十尺 大十圍. 輜車不能載 三馬不能勝.

31. 안록산은 몸무게가 350근이었고 뱃살이 무릎 아래에까지 내려왔다. 사마보는 몸무게가 800근이었다. 맹업은 몸무게가 1000근이었다.

安祿山重三百五十觔52) 腹垂過膝. 司馬保重八百觔. 孟業重千觔.

---

50) 중국 북위(北魏)의 초대 황제인 탁발규(拓跋珪)의 조부이다. 십익건 때 전진(前秦)에게 부족이 멸망하였다.
51) 한나라 왕망 때의 장사.

32. 숭후호는 600석의 무거운 모래를 들었다. 오획과 하육은 1000균을 들었는데 무게로 하면 3만 근이다.

崇侯虎擧六百石重沙. 烏獲夏育 擧千勻 蓋三萬斤.

33. 위석번은 모래 120석을 들었는데 무게로는 1200근이다.

衛石蕃負沙一百二十石 蓋一千二百斤.

34. 촉의 다섯 역사[53]는 산을 옮기고 만 균을 들 수 있었다. 항우는 구정을 들었고 산을 들어 올릴 수 있는 힘이 있었다.

蜀五丁力士能移山 擧萬勻. 項羽擧九鼎 力拔山.

35. 오는 땅 위에서 배를 끌 수 있었다. 유총은 3백 근 무게의 활에 시위를 멨다. 유료는 활을 쏘아 7촌의 철판을 꿰뚫었다.

羿能陸地盪舟. 劉聰灣弓三百觔. 劉曜射能洞鐵七寸.

36. 공야장, 후근고, 진중한, 위상, 진관로는 새의 말을 알아들었다. 성자, 양선은 공작의 말에 능통했다. 원나라 때 맥종은 짐승의 말을 알아들었다. ○ 주례를 보면 이예는 새의 말을 담당했다.

公冶長 侯瑾古 秦仲漢 魏尙 晉管輅 解鳥語. 成子 楊宣 通雀語. 元時麥宗 解禽語. ○ 按周禮 夷隷掌鳥言.

37. 개갈려는 짐승의 말을 알아들었다. ○ 주례를 보면 맥예는 짐승의 말을 담당했다.

介葛廬解獸語. ○ 按周禮 貉隷掌獸言.

38. 한나라의 성무정과 당나라의 승려 융다라, 백구년은 새와 짐승의

---

52) 觔은 무게 단위로 斤과 같다.
53) 춘추시대 촉나라의 5명의 장사.

말에 능통했다.

漢成武丁 唐僧隆多羅 白龜年 通鳥獸語.

39. 한나라 양옹중, 진나라 이남은 말의 말을 알아들었다. 첨하는 소가 우는 소리를 들으면 그 소가 검은색이며 흰색의 뿔이 있다는 것을 알았다. 심승조는 범이 우는 소리를 듣고 나라의 변경에 일이 있을 것이니 젊은이들을 선발해야 한다고 말했다.

漢楊翁仲 晉李南 解馬語. 詹何得牛鳴 知牛黑而白在角. 沈僧照聽彪嘯云 國有邊事 當選人丁.

40. 태원의 왕씨는 개미의 말을 들을 수 있었다. 요나라의 신속고는 뱀의 말을 알아들었다.

太原王氏聞蟻言. 遼神速姑解蛇語.

41. 양나라의 소찰오는 서로의 거리가 수백 보 멀리 떨어져 있어도 부인을 보고 몸의 체취를 맡았다.

梁蕭詧惡 見婦人相去數步遙聞[54]其臭.

42. 당나라의 원덕수는 나이 60에 여색을 모르고 죽었다.

唐元德秀年六十 不識女色而卒.

43. 이익은 시기심이 많아서 부인과 첩들을 가두고 매우 학대했고 문 주위에 석회가루를 뿌려 두었다. 당시 사람들은 그를 질투에 미친 사람이라고 했다.

李益多猜閑妻妾過虐 有散灰扃戶之譚. 時謂妬癡.

---

54) 저본에는 聞으로, 완산중간본에는 間으로 되어 있음.

44. 하동은 성격이 청결하여 하루에도 열 번 넘게 씻었다. 사람들은 수음이라고 칭했다.

何佟之性 好潔 一日洗滌十餘過. 人稱水淫.

45. 왕란은 한 끼에 10말을 먹었다. 하묵은 매번 밥 먹을 때마다 밥 한 석과 고기 30근을 먹었다. 염파는 늙어서도 밥으로 쌀 한 말에 고기 10근을 먹었다.

王鸞一進食一斛. 夏默每食飯一石 肉三十斤. 廉頗老時 尙一飯斗米 肉十斤.

46. 마희성은 하루에 닭 50마리를 먹었다. 장제현은 하루에 곡식을 큰 말로 한 말 먹었다.

馬希聲日食雞五十. 張齊賢日食一大桶.

47. 범왕은 청매실 10말을 먹었다.

范汪噉靑梅一斛.

48. 정현(정강성)은 술을 열 말이나 먹었다. 노식, 주의, 유령은 술을 한 석이나 먹었다. 우정국은 술 몇 석을 먹고도 취하지 않았다.^{수나라 때에 도량형을 바꾸면서부터는 두와 석이 배로 커졌다. 때문에 당나라 이후로는 이렇게 술을 마신 사람이 없었다.}

鄭康成飮酒一斛. 盧植 周顗 劉伶 飮酒一石. 于定國飮酒數石不亂.^{自隋時 更制度量 斗石倍大. 故唐以來無飮如此}

49. 당나라의 주찬, 장무소, 오대의 장종간, 설영은 사람 고기를 즐겨 먹었다.

唐 朱粲 張茂昭 五代 張從簡 薛靈 嗜食人肉.

50. 명나라의 신안왕은 사람의 폐, 간, 쓸개를 생으로 즐겨 먹었다.

皇明新安王 喜生食人肺肝膽.

51. 당나라 좌사랑중 임정소와 서천자사 장회소는 사람의 정액을 즐겨 복용했다.
唐左史郎中任正召 舒川刺史 張懷肅 好服人精.

52. 남사 유옹은 그 맛이 복어 같다고 부스럼 딱지를 좋아해서 사람에게서 부스럼 딱지가 떨어지면 바로 집어 먹었다.
南史劉邕 嗜瘡痂以爲味似鰒魚 見人瘡痂落 輒取食.

53. 지복건원 권장유는 사람 손톱을 먹기를 좋아했다.
知福建院 權長孺 嗜人爪甲.

54. 선조 때에 강릉에 김씨 성의 사람이 있었는데 사람의 불알을 즐겨 빨아 먹으면서 세상에서 제일 맛있다고 했다.
宣祖朝 江陵有姓金者 喜吮人腎囊以爲天下至味.

55. 공작은 성질이 시기심이 많아서 비단옷을 입고 있는 아이를 보면 반드시 쫓아가서 부리로 쫀다. 매번 머물 곳을 정하면 꼬리를 접는다. 그물을 쳐도 오히려 진기한 듯이 보며 날지 않는다. 산에 사는 금계는 자기 꼬리를 매우 아낀다. 하루 종일 물에 비춰보고 있다가 눈이 어질어질해져서 물에 빠지고 만다.^{아래는 동물 및 곤충에 관한 내용이다.}
孔雀性妬 見兒著錦繡 必趁啄. 每擇處貯尾. 羅者至猶珍顧不騫. 山鷩愛重其尾. 終日暎水目眩自溺.^{以下虫多}

56. 사향노루는 성질이 배꼽을 매우 아낀다. 사람들에게 쫓기면 발톱을 들어 향낭을 뜯는다. 잡혀서 죽게 되면 오히려 네 발로 감싸 자기 배꼽을 보호한다.

麝性愛臍. 爲人逐擧爪刔香. 就縶死猶拱四足 保其臍.

57. 앵무는 등을 쓰다듬으면 소리를 내지 못한다. 구관조는 혀를 자르면 말을 한다.

鸚鵡摩背則瘖. 鸜鵒剪舌則言.

58. 용과 물고기는 귀가 없다. 노루와 말은 쓸개가 없다. 게와 두꺼비는 창자가 없다. 원숭이와 토끼는 지라가 없다. 돼지와 지렁이는 근육이 없다. 성성이와 비비는 꼬리가 없다. 새는 위와 폐가 없다. 소는 세로 눈동자는 있지만 가로 눈동자가 없다.

龍魚無耳. 麞馬無膽. 蟹蟆無腸. 猴兔無脾. 豕蚓無筋. 猩狒無尾. 鳥無胃肺. 牛有豎瞳 無橫瞳.

59. 용은 뿔로 듣는다. 소는 코로 듣는다. 뱀과 자라는 눈으로 듣는다. 거북이는 귀로 숨쉰다. 매미는 날개로 운다. 메뚜기는 다리로 운다.

龍角聽. 牛鼻聽. 蛇鼈眼聽. 龜耳息.. 蟬翼鳴. 螽斯股鳴.

60. 해오라기(鷺)는 눈으로 수정하고, 물고기는 생각으로 수정한다. 거북이와 자라는 바라보며 신묘하게 교미하며, 황새와 학은 우는 소리로 교미한다. 원앙은 목덜미로 교미하고, 해오라기(鶂鶂)는 눈동자로 교미한다. 공작은 번개칠 때 새끼를 갖으며, 등사는 천둥소리에 새끼를 밴다.

鷺目而受卵. 魚思而懷卵. 龜鼈望而神交. 鸛鶴唳而聲交. 鴛鴦頸交. 鶂鶂睛交. 孔雀電孕. 螣蛇聽孕.

61. 망둥어는 태생이다. 현학은 태화다. 가마우지와 두꺼비는 입으로 새끼를 뱉어낸다. 토끼는 달을 바라보고 새끼를 배고 입으로 새끼를 뱉어낸다.

鯊魚胎生. 玄鶴胎化. 鸕鷀蟾蜍吐子. 兔望月孕而吐子.

62. 물고기는 눈을 감지 않는다. 용은 돌을 보지 못한다. 물고기는 불을 보지 못한다. 공작은 해가 지면 눈이 보이지 않고 올빼미는 낮에 눈이 보이지 않는다.

魚目不瞑. 龍不見石. 魚不見火. 雀夕瞽 鴟晝盲.

63. 이리와 여우는 모두 수명이 800년이다. 300살이 되면 모두 사람 모습으로 변한다. 100살의 여우 정령은 미녀가 된다.

狼狐壽皆八百. 三百歲俱變人形. 百歲狐精爲美女.

64. 2월에는 기러기가 변해서 비둘기가 된다. 3월에는 밭쥐가 변해서 거위가 된다. 6월에는 썩은 풀이 반딧불이가 된다. 9월에는 참새가 큰 물에 들어가 작은 대합조개가 된다. 10월에는 꿩이 큰물에 들어가 큰 대합조개가 된다.

二月鷹化爲鳩. 三月田鼠化爲鴽. 六月腐草爲螢. 九月雀入大水爲蛤. 十月雉入大水爲蜃.

제7장 재민(才敏)

1. 신농은 태어나서 세 시진[三辰, 6시간]이 되자 말을 할 수 있었고, 5일에는 걸을 수 있었고, 7일에는 이가 났다. 제곡은 태어나서 신령스럽게도 스스로 자기 이름을 말했다. 사황은 태어나서 글을 쓸 수 있었다. 석가모니는 태어나서 말을 할 수 있었다.

神農生而三辰能言　五日能行　七朝齒具. 帝嚳生而神靈自言其名. 史皇生而能書. 釋迦佛生而能言.

2. 서현비^{당나라 태종의 재인}는 이름이 혜이다. 태어나서 다섯 달 만에 말을 할 수 있었다. 백거이는 태어나서 일곱 달 만에 無자를 알아보았다. 우리나라의 김시습은 태어나서 여덟 달 만에 글을 알 수 있었다.

徐賢妃^{唐太宗才人}名惠. 生五月能言. 白居易生七月識之無字. 我朝金時習生八月自能知書.

3. 왕람은 두어 살 때 형 왕상이 회초리에 맞는 것을 보고는 갑자기 눈물 흘리고 울면서 회초리를 부여안았다. 장회태자는 두어 살 때 한 번 책을 읽으면 내용을 잊어버리지 않았다. 소진은 두어 살 때 문장을 지을 줄 알아 팔괘론을 지었다.

王覽數歲　見兄祥被楚撻輒涕泣抱持. 章懷太子數歲　讀書一覽輒不忘. 蘇晉數歲　知屬文作八卦論.

4. 동방삭은 세 살 때 비결과 참위설을 한 번 보고 입으로 암송했다. 유인은 세 살 때 책을 읽고 하루에 천여 말을 기록했다. 서적은 세 살 때 아버지가 죽자 아침마다 매우 슬퍼하며 아버지를 찾았고 효경을 읽

고는 눈물이 그치지 않았다. 채백희는 세 살 때 정자가 되었고 우리나라의 김시습은 시를 지을 수 있었다.

東方朔三歲 秘讖一覽暗誦於口. 劉因三歲 讀書日記千百言. 徐積三歲 父死朝朝求甚哀 讀孝經淚不能止. 蔡伯喈三歲爲正字. 我朝金時習三歲 能綴詩.

5. 사안은 네 살 때 밝고 큰 품위를 갖추었고 임방은 네 살 때 시 수십 편을 외웠다. 소대환은 네 살 때 삼도부, 효경, 논어를 외웠다. 소영사는 네 살 때 글을 지었고 책을 한 번 읽으면 바로 외웠다. 서현비는 네 살 때 시경, 논어를 외웠다. 권덕여는 네 살 때 시를 지을 수 있었다. 우리나라의 박은은 네 살 때 책을 읽을 수 있었다. 율곡 이이는 네 살 때 글의 뜻을 해석했다.

謝安四歲 風神秀徹. 任昉四歲 誦詩數十篇. 蕭大圜四歲 能誦三都賦孝經論語. 蕭穎士四歲 屬文觀書一覽卽誦. 徐賢妃四歲 通詩論語. 權德興四歲 能賦詩. 我朝朴誾四歲 知讀書. 栗谷李珥四歲 解文義.

6. 백익은 다섯 살 때 우임금의 신하가 되어 불을 관장했다. 택자는 다섯 살 때 우임금의 말을 찬술했다. 소명태자 숙통은 다섯 살 때 오경을 두루 외웠다. 음갱은 다섯 살 때 시와 부를 하루에 천 마디를 외웠다. 이백은 다섯 살 때 육갑을 외웠다. 영호초는 다섯 살 때 문장에 능숙했다. 이비는 다섯 살 때 신동으로 왕의 부름을 받았다. 우리나라의 김시습은 다섯 살 때 중용, 대학을 훤히 알아 사람들이 신동이라고 했다. 하서 김인후는 다섯 살 때 문장에 능숙했다.

伯益五歲爲禹臣掌火. 翠子五歲贊禹言. 昭明太子蕭統五歲遍誦五經. 陰鏗五歲能誦詩賦日千言. 李白五歲誦六甲. 令狐楚五歲能文. 李泌五歲神童被召. 我朝金時習五歲通中庸大學人號神童. 河西金麟厚五歲能文.

7. 육운은 여섯 살 때 형 육기와 이름을 나란히 했다. 양나라 간문제는 여섯 살 때 문장을 지을 수 있었다. 강엄은 여섯 살 때 시를 지을 수 있었다. 왕발은 여섯 살 때 좋은 글을 지었다. 마추는 여섯 살 때 효경, 논어를 외울 수 있었다. 유효는 여섯 살 때 모시와 논어를 외웠다. 송렴은 여섯 살 때 시가를 지었고 기이한 말을 한 것이 있다.

陸雲六歲與兄機齊名. 梁簡文帝六歲能屬文. 江淹六歲能屬詩. 王勃六歲善文辭. 馬樞六歲能誦孝經論語. 劉歆六歲誦毛詩論語. 宋濂六歲爲詩歌有奇語.

8. 상림은 일곱 살 때 아버지 친구가 절을 하지 않는다고 나무라자 '아들에게 오셨는데 저를 사랑하는 아버지께 무슨 절을 합니까'라고 대답했다. 왕희지는 일곱 살 때 글씨를 잘 썼다. 사장은 일곱 살 때 글을 지을 수 있었다. 고야왕은 일곱 살 때 오경을 외웠다. 왕승유는 일곱 살 때 10만 마디를 읽을 수 있었다. 우희는 일곱 살 때 문장을 지을 수 있었다. 장패는 일곱 살 때 춘추를 외웠다. 낙빈왕은 일곱 살 때 시를 지을 수 있었다. 서언백은 일곱 살 때 문장에 능숙했다. 장구령은 일곱 살 때 문장을 지을 수 있었다. 이백약, 송경은 일곱 살 때 글을 잘 지었다. 한유는 일곱 살 때 책을 읽고 하루에 수천 마디 말을 썼다. 이하는 일곱 살 때 「고헌과」를 지었다. 안수는 일곱 살 때 글을 잘 지었다. 고황중은 일곱 살 때 신동으로 급제했다. 토번 사람 팔사파는 일곱 살 때 경전 수십만 마디를 외웠다. 우리나라의 율곡 이이는 일곱 살 때 문장을 지었다.

常林七歲父黨責不拜　對以臨子字父何拜爲. 王羲之七歲善書. 謝莊七歲能屬文. 顧野王七歲誦五經. 王僧孺七歲能讀十萬言. 虞羲七歲能屬文. 張霸七歲通春秋. 駱賓王七歲能賦詩. 徐彦伯七歲能文. 張九齡七歲知屬文. 李百藥, 宋璟七歲善屬文. 韓愈七歲讀書日記數千言. 李賀七歲賦高軒過. 晏殊七歲善屬文. 賈黃中七歲神童及第. 土番人八思巴七歲誦經數十萬言. 我朝栗谷李珥七歲作文.

9. 포의는 여덟 살 때 순임금의 스승이 되었다. 항탁은 여덟 살 때 공자의 스승이 되었다. 유안은 여덟 살 때 위나라 문제를 칭송하는 글을 바쳤다. 조비는 여덟 살 때 문장을 지을 수 있었다. 손성은 여덟 살 때 유공의 기록관이 되었다. 구지는 여덟 살 때 문장을 지을 수 있었다. 유견오는 여덟 살 때 시를 지을 수 있었다. 서현비는 여덟 살 때 문장을 짓는 데 밝았다. 하경명은 여덟 살 때 문장을 지을 수 있었다. 우리나라의 박은은 여덟 살 때 책을 읽고 대의를 이해했다. 율곡 이이는 여덟 살 때 시를 지을 수 있었다. 유형원은 여덟 살 때 우공을 읽고 일어나 춤을 추었다.

蒲衣八歲爲帝舜師. 項槖八歲爲孔子師. 劉晏八歲獻頌魏文帝. 曹丕八歲能屬文. 孫盛八歲爲庾公記室. 丘遲八歲能屬文. 庾肩吾八歲能賦詩. 徐賢妃八歲曉屬文. 何景明八歲能屬文. 我朝朴誾八歲讀書解大義栗谷李珥八歲能詩. 柳馨遠八歲讀禹貢起舞.

10. 한나라 질제는 아홉 살 때 양익이 발호할 것을 지목했다. 양조^{양웅의 아들}는 아홉 살 때 태현경의 저술에 참여했다. 반고는 아홉 살 때 문장을 지을 수 있었다. 황향은 아홉 살 때 어머니를 여의고 슬픔 때문에 초췌해져서 상복을 벗지 못할 듯했다. 왕연은 아홉 살 때 어머니를 여의고 3년 동안 피눈물을 흘려 그의 생명을 잃을 뻔하였다. 유천은 아홉 살 때 문장을 지을 수 있었다. 왕발은 아홉 살 때 한서를 읽고 허물을 지적하고 잘못을 지적하는 글을 지었다. 소미도는 아홉 살 때 문장을 지을 수 있었다. 왕유는 아홉 살 때 문장을 지을 수 있었다. 소정은 아홉 살 때 한 번 책을 읽으면 마치 원래 익숙히 알고 있는 듯이 천 마디 말을 외웠다. 육상은 아홉 살 때 하루에 2천여 말을 외웠다. 노조는 아홉 살 때 『효경』과 『논어』를 외웠다.

漢質帝九歲目梁冀跋扈. 揚烏^{雄子}九歲與太玄經. 班固九歲能屬文. 黃香九歲失母思慕憔悴殆不免喪. 王延九歲喪母泣血三年幾至滅性. 庾闡九歲能屬文. 王勃九歲讀漢書作指瑕摘其失. 蘇味道九歲能屬文. 王維九

歲知屬辭. 蘇頲九歲一覽誦千言若素習. 陸爽九歲日誦二千餘言. 盧操九歲通孝經論語.

11. 황제는 열 살 때 신농의 정치를 고쳤다. 전욱은 열 살 때 소호의 재상이 되었다. 사마천은 열 살 때 고문을 외웠다. 사혜련은 열 살 때 문장을 지었다. 이백은 열 살 때 『시경』과 『서경』을 외웠다. 소영사는 열 살 때 『대학』을 보충했다. 유안은 열 살 때 비서성의 정자가 되어 붕자가 바르지 않다고 대답했다. 황보염은 열 살 때 글을 지을 수 있었다. 형소는 열 살 때 글을 지을 수 있었고 하루에 만여 마디 말을 외웠다. 가규는 다섯 살 때 날마다 책 읽는 소리를 듣고 열 살 때는 육경을 외웠다.

黃帝十歲改神農之政. 顓項十歲爲少昊相. 司馬遷十歲誦古文. 謝惠蓮十歲屬文. 李白十歲通詩書. 蕭穎士十歲補大學. 劉晏十歲爲秘書正 字對以朋字未正. 皇甫冉十歲能屬文. 邢邵十歲能屬文日誦萬餘言. 賈逵五歲日聽讀書十歲暗誦六經.

12. 환린은 열한 살 때 시와 부를 지을 수 있었다. 양음은 열한 살 때 시경과 주역을 받았다. 왕구는 열한 살 때 동자과에서 선발되었다. 양억은 열한 살 때 임금 앞에서 부 5편을 지어 정자에 제수되었다.

桓驎十一能作詩賦. 楊愔十一受詩易. 王邱十一擢童子科. 楊億十一召對賦五編 除正字.

13. 감라는 열두 살 때 진나라 상경이 되었다. 순상은 열두 살 때 『춘추』와 『논어』를 능통했다. 임연은 열두 살 때 『시경』『서경』『주역』『춘추』에 밝아 성동이라고 불렸다. 이애는 열두 살 때 문장을 정교하게 지었다. 임하는 열두 살 때 스승에게 가 배웠는데 두 번 묻지 않았고 일 년에 삼경을 외웠다.

甘羅十二爲秦上卿. 荀爽十二通春秋論語. 任延十二明詩書易春秋 號

聖童. 李艾十二工屬文. 任嘏十二就師學 不再問 一年通三經.

14. 조정은 열세 살 때 제곡의 아들 제지를 보좌했다. 동방삭은 열세 살 때 『서경』을 공부했고 농사가 없는 겨울 세 달 동안 학문에 매진하여 문학과 사학이 쓸 만해졌다. 상홍양은 열세 살 때 시중이 되었다. 왕발은 열세 살 때 「등왕각서」를 지었다.

鳥庭十三佐帝嚳子帝摯. 東方朔十三學書三冬文史足用. 桑弘羊十三拜侍中. 王勃十三作滕王閣序.

15. 한나라 소열황제는 열네 살 때 상관걸이 곽광을 무고했다는 것을 알았다. 조아는 열네 살 때 그의 아버지가 익사하자 열흘을 울며 일곱 번 강에 뛰어든 끝에 아버지의 시신을 안고 나왔다. 여자 양향은 열네 살 때 아버지가 호랑이에게 물리자 작은 칼도 없이 손으로 바로 호랑이 목을 잡아 아버지가 이 때문에 목숨을 건졌다. 황헌은 열네 살 때 사람들에게 스승의 표본으로 불렸다. 잠문본은 열네 살 때 아버지의 억울함을 호소하기 위해 「채련부」를 지어 아버지의 억울함이 바로 풀렸다. 제한은 열네 살 때 왕을 보좌할 인재라고 칭송받았다. 형돈부는 열네 살 때 「명비인」을 지었다.

漢昭帝十四知上官桀之誣霍光. 曹娥十四其父溺死 號哭旬七投江 抱父屍出. 女子楊香十四父爲虎噬 手無寸刀直搤虎頸父因獲免. 黃憲十四人謂師表. 岑文本十四爲父理冤令作「採蓮賦」 父冤得直. 齊澣十四稱有王佐才. 邢敦夫十四作「明妃引」

16. 제곡은 열다섯 살 때 전욱의 재상이 되었다. 요임금은 열다섯 살 때 제지의 재상이 되었다. 개지추는 열다섯 살 때 초나라 재상이 되었다. 진번은 열다섯 살 때 방안에 앉아 아무 일도 하지 않으면서도 마당을 쓸지 않았다. 길분은 열다섯 살 때 아버지가 사형에 해당되는 죄를 짓자 등문고를 울려 대신 명령을 받기를 간청하여 두 사람 다 죽음

을 면했다. 원진은 열다섯 살 때 명경과에 급제하여 발탁되었다. 위현성은 열다섯 살 때 군주부사마가 되었다. 최루백은 열다섯 살 때 그의 아버지가 호환을 당하자 바로 도끼를 지고 가 호랑이 배를 갈라 아버지의 뼈와 살점을 꺼냈다. 우리나라의 박은은 열다섯 살 때 문장에 능숙했다.

帝嚳十五爲顓頊相. 帝堯十五爲帝摯相. 介之推十五爲楚相. 陳蕃十五居室不治. 吉翂十五見父罪當大辟撾登門鼓乞代命俱免. 元稹十五擢明經及第. 韋玄成十五爲郡主簿司馬. 崔婁伯十五虎害其父. 卽荷斧劎其腹取父骸肉. 我朝朴誾十五能文.

17. 동방삭은 열여섯 살 때 22만 마디를 외웠다. 원나라 현고징은 열여섯 살 때 부(府)를 열어 정치를 보좌했다.

東方朔十六誦二十二萬言. 元顯高澄十六開府輔政.

18. 최영은 열일곱 살 때 부견의 진나라에서 간의대부가 되었다. 전희백은 열일곱 살 때 진사가 되었고 임금이 시험으로 삼재를 내자 그날 중으로 지어 올렸다.

崔英十七爲符秦諫議大夫. 錢希白十七擧進士 御試三題日中而就.

19. 자기는 열여덟 살 때 동아의 태수가 되었다. 가의는 열여덟 살 때 박사가 되었다. 장면은 열여덟 살 때 회남 태수가 되었다. 곽거병은 열여덟 살 때 표요교위가 되었다. 당나라의 문황은 열여덟 살 때 나라를 세웠다. 정이천은 열여덟 살 때 「호학론」을 지었다. 주자는 열아홉 살 때 「원유」편을 지었다.

子奇十八爲東阿守. 賈誼十八爲博士. 張緬十八爲淮南守. 霍去病十八爲嫖姚校尉. 唐文皇十八創帝業. 程伊川十八作好學論. 朱子十九作遠遊篇.

20. 육기는 스무 살 때 「문부」를 지었다. 소자첨은 스물두 살 때 과거에 급제했다. 정명도는 스물세 살 때 「정성서」를 지었다.

陸機二十作文賦. 蘇子瞻二十二登科. 程明道二十三作定性書.

21. 항우는 스물네 살 때 군대를 일으켜 양자강을 건넜다. 등우는 스물네 살 때 사도가 되었다. 주유는 스물네 살 때 건위중랑에 제수되었다. 엄무는 스물네 살 때 촉나라를 진압했다.

項羽二十四起兵渡江. 鄧禹二十四拜司徒. 周瑜二十四授建威中郎. 嚴武二十四鎭蜀.

22. 제갈량은 스물여덟 살에 선주 유비를 도와 군사가 되었다. 왕검은 스물여덟 살에 복야가 되었다.

諸葛亮二十八佐劉先主爲軍師. 王儉二十八爲僕射.

23. 염희헌은 서른 살에 평장사가 되었다. 장릉은 서른한 살에 원추왕부가 되었다. 범종윤은 서른두 살 때 재상이 되었다. 왕일소[55]는 서른아홉 살에 「난정집서」를 지었다.

廉希憲三十爲平章事. 張淩三十一爲元樞王溥. 范宗尹三十二拜相. 王逸少三十九書蘭亭作記.

24. 그림의 힘은 500년을 가고 글의 힘은 800년을 가며, 문장은 영원토록 길이길이 새롭다.

畵力可五百年 書力可八百年 文章更萬古而長新.

---

55) 왕희지. 일소는 왕희지의 자이다.

제8장 수부(壽富)

1. 황제는 110살까지 살았다. 소호씨는 100살까지 살았다. 전욱은 98살까지 살았다. 제곡은 105살까지 살았다.

黃帝百十歲. 少昊百歲. 顓頊九十八歲. 帝嚳百五歲.

2. 요임금은 118살까지 살았다. 순임금은 109살까지 살았다. 우임금은 100살까지 살았다. 탕임금 역시 100살까지 살았다.

堯百八歲. 舜百九歲. 禹百歲. 湯亦百歲.

3. 팽조는 성이 전이고 이름은 갱이다. 800살까지 살았다. 은나라 때 이미 700여 살로 대부가 되었지만 정사에는 관여하지 않았다. 고공단보는 120살까지 살았다. 왕계는 100살까지 살았다.

彭祖姓籛名鏗 八百歲. 殷時已七百餘爲大夫不與政. 古公亶父百二十歲. 王季百歲.

4. 주나라 문왕은 97살까지 살았다. 무왕은 93살까지 살았다. 목왕은 105살까지 살았다.

周文王九十七歲. 武王九十三歲. 穆王百五歲.

5. 곤은 180살까지 살았다. 이윤은 130살까지 살았다. 강태공은 136살까지 살았다. 소공은 190여 살까지 살았다. 필공은 100여 살까지 살았다. 죽웅은 90살에 문왕의 스승이 되었다. 위나라 무공은 100살 가깝게 살았다.

鮌百八歲. 伊尹百三十歲. 太公百三十六歲. 召公百九十餘歲. 畢公百餘歲. 鬻熊九十歲爲文王師. 衛武公近百歲.

6. 기자는 93살까지 살았다. 공자는 73살까지 살았다. 자사는 90살까지 살았다. 혹은 120살까지 살았다고도 한다. 맹자는 84살까지 살았다.

箕子九十三歲. 孔子七十三歲. 子思九十歲. 或曰百二十歲. 孟子八十四歲.

7. 노자는 160여 살까지 살았다. 혹은 200여 살까지 살았다고도 한다. 귀곡자 왕후는 수백 년 동안 세상에 살았다. 묵적은 100여 살까지 살았다. 장적56)의 교여는 150살 가까이 살았다.

老子百六十餘歲. 或言二百餘歲. 鬼谷子王詡在世數百歲. 墨翟百餘歲. 長狄僑如近百五十歲.

8. 남월왕 조타는 91살까지 살았다. 같은 시대의 오손57)의 곤막은 100살 가까이 살았다.

南越王趙佗九十一歲. 同時烏孫昆莫年近百歲.

9. 한나라 동방삭의 아버지 장이는 1100살에도 얼굴이 어린아이와 같았다. 문왕 때의 음악가 두공58)은 180살까지 살았다. 장창59)과 반일60)은 100여 살까지 살았다.

漢東方朔父張尼一千百歲 顏如童子. 文王時樂人竇公百八十歲. 張倉班壹百餘歲.^{尼古夷}

10. 후한의 장천은 105살까지 살았다. 냉수광은 156살까지 살았는데 얼굴색과 행동거지가 3, 40대와 같았다.

後漢張蒼百五歲. 冷壽光百五十六歲　色理如三四十.

11. 촉한의 범장은 130살까지 살았다. 촉한에서 두 차례 벼슬했고 100살에 가까워서 승상이 되었다.

蜀漢范長生百三十歲, 兩仕蜀漢近百歲爲丞相.

12. 위나라의 범명우의 노예는 350살까지 살았다. 초선[61]은 한나라가 쇠해지는 것을 보고 입을 다물고 말을 하지 않았다. 100여 살까지 살았다.

魏范明友奴三百五十歲. 焦先逢漢衰遂絶口不言　百餘歲.

13. 진나라의 포정은 100여 살까지 살았다.

晉鮑靚百餘歲.

14. 제나라의 동궁은 병을 앓으면서도 300살까지 살았다. 조일은 200살까지 살았다.

齊東宮得疾三百歲. 趙逸二百歲.

15. 원나라의 위라결은 120살까지 살았다.

元魏羅結百二十歲.

16. 척발력미[62]는 140살까지 살았다. 선비족 독발추근은 110살까지 살았다.

拓跋力微百四歲. 鮮卑禿髮椎斤百十歲.

17. 양나라의 고사원은 120살까지 살았다. 장원시는 116살까지 살았다. 힘이 남달리 뛰어났지만 먹는 것은 특별한 것이 없었다.

---

61) 삼국시대 위나라의 사람.
62) 後魏의 神元帝.

梁顧思遠百二十歲. 張元始百十六歲 膂力過人進食不異.

18. 당나라의 이원상은 126살까지 살았다. 장만록은 90살까지 살았다. 70년을 관리로 있으면서 한 번도 병이 났다는 말을 하지 않았다. 견권은 103살까지 살았다. 장도홍은 146살까지 살았다. 손사막은 100여 살까지 살았다. 우백룡은 128살까지 살았다. 도사 왕원초는 126살까지 살았다. 법선은 107살까지 살았다. 배지고는 100살까지 살았다. 의종의 궁인 심씨의 아버지는 110살까지 살았고 어머니는 95살까지 살았다.

唐李元爽百二十六歲. 張萬祿九十歲. 食祿七十年未嘗一日言病. 甄權百三歲. 張道鴻百四十六歲. 孫思邈百餘歲. 于伯龍百二十八歲. 道士王遠初百二十六歲. 法善百七歲. 裵知古百歲. 懿宗宮人沈氏父百十歲. 母九十五歲.

19. 송나라의 당옹은 170살까지 살았다. 초정은 130살까지 살았다. 남창전랑은 170살까지 살았다. 양하거는 81살까지 살았고 아버지 숙련은 122살까지 살았고 할아버지 송경은 195살까지 살아 세 사람이 함께 장수했다. 허경은 99살까지 살았고 큰아들은 81살, 둘째 아들은 79살, 가장 어린 아들이 75살이었다. 허경이 궁궐에 갔다 오면 세 아들이 부축하며 맞았다. 유영석의 아버지 원은 104살까지 살았다. 이숭은 109살까지 살았다. 소곡은 117살까지 살았다. 형거는 아버지를 지극한 효성으로 모셨는데 아버지는 이가 다 빠졌다가 다시 났고 104살까지 살았다. 정언빈은 97살까지 살았고 병 없이 죽었다. 문언박은 91살까지 살았다. 주자는 71살까지 살았다.

宋黨翁百七十餘歲. 譙定百三十歲. 南昌錢郎百七十歲. 楊遇擧八十一 父叔連百二十二歲 祖宋卿百九十五歲並存. 許瓊九十九歲 長子八十一 次七十九 幼七十五. 迎瓊赴闕三子扶持. 劉永錫父元百四歲. 李嵩百九歲. 巢谷百十七歲. 邢渠事父至孝 父齒落更生百四歲. 程彦賓九十七歲無疾卒. 文彦博九十一歲. 朱子七十一歲.

20. 오대의 태원왕 인유원의 조모는 200살까지 살았다는데 몸집이 3, 4척에 불과했다.

五代太原王仁裕遠祖母二百餘歲 形僅三四尺.

21. 요나라 패주의 백성 이재유는 133살까지 살았다. 금나라의 내곡 오리보는 105살까지 살았다.

遼覇州民李在宥百三十三歲. 金來谷吾里補百五歲.

22. 원나라의 찰입아는 118살까지 살았다. 왕덕원은 103살까지 살았다. 슬극공은 100여 살까지 살았다.

元札入兒百十八歲. 王德元百三歲. 膝克恭百餘歲.

23. 명나라 주수의는 110살까지 살았다. 왕사능 유란규는 120살까지 살았다. 모옹은 112살까지 살았다. 괴경은 178살까지 살았다. 진백만은 109살까지 살았다. 공무사는 400살까지 살았다. 위기는 98살까지 살았다. 유건은 95살까지 살았다. 왕서는 93살까지 살았다.

皇明周壽誼百十歲. 王士能劉鸞珪百二十歲. 毛翁百十二歲. 蒯京百七十八歲. 陳百萬百九歲. 孔無似四百歲. 魏驥九十八歲. 劉建九十五歲. 王恕九十三歲.

24. 우리나라의 수로왕은 159살까지 살았다. 고구려의 태조왕은 119살까지 살았다. 장수왕은 100살까지 살았다. 차대왕과 신대왕은 모두 100살 가까이 살았다.

東國首露王百五十九歲. 高句麗太祖王百十九歲. 長壽王百歲. 次大王 新大王 皆近百歲.

25. 고구려 명림답부는 114살까지 살았다. 일본의 대신 무내는 307살까지 살았다.

高句麗明臨答夫百十四歲. 日本大臣武內三百七歲.

26. 양나라 무제는 86살까지 살았다. 한나라 무제와 당나라 고조는 71살까지 살았다. 현종은 78살까지 살았다. 송나라 고종은 81살까지 살았다. 원나라 세조는 86살까지 살았다. 명나라 태조는 71살까지 살았다. 청나라 건륭제는 89살까지 살았다.^{문왕과 무왕 이후 군주 중에 오래 산 사람이다.}

梁武帝八十六. 漢武帝 唐高祖七十一. 玄宗七十八. 宋高宗八十一. 元世祖八十. 大明太祖七十一. 清乾隆八十九.^{文武以後人主眉壽高者}

27. 고윤은 98살에 광록대부로 있었다. 내민은 97살에 집신장군으로 있었다. 여대는 96살에 대사마로 있었다. 이선은 95살에 내도대관으로 있었다. 사마부는 93살에 태재를 지냈다. 사섭은 93살에 교주목사로 있었다. 왕반은 92살에 한림학사로 있었다. 유식은 91살에 태위로 있었다. 하후승은 90살에 태자태부로 있었다. 양통은 90살에 광록대부로 있었다. 사호는 89살에 태사로 있었다. 왕유지는 88살에 개부의동삼사로 있었다. 왕기는 88살에 동평장사로 있었다. 곽단은 85살에 사도로 있었다. 곽급은 85살에 화주목사로 있었다. 곽자의는 85살에 상부태위로 있었다. 분양왕 교행은 85살에 소부평장에 발탁되었다.^{대신 중에 늙어서도 관직에 있었던 사람들이다.}

高允九十八光祿大夫. 來敏九十七執愼將軍. 呂岱九十六大司馬. 李先九十五內都大官. 司馬孚九十三太宰. 士燮九十三交州牧. 王盤九十二翰林學士. 劉寔九十一太尉. 夏侯勝九十太子太傅. 楊統九十光祿大夫. 史浩八十九太師. 王裕之八十八 開府儀同三司. 王起八十八同平章事. 郭丹八十五司徒. 郭伋八十五華州牧. 郭子儀八十五尙父太尉. 汾陽王喬行簡八十五少傅平章.^{大臣老居位者}

28. 왕자진은 17살에 하늘로 올라갔다. 진백무는 18살까지 살았다. 원저는 19살까지 살았다. 형거실은 20살까지 살았다.

王子晉十七上賓. 陳伯茂十八. 袁著十九. 邢居實二十.

29. 왕적은 21살까지 살았다. 서빈은 22살까지 살았다. 유굉은 23살까지 살았다. 왕연수, 왕필, 왕수하, 자랑은 24살까지 살았다. 원탐은 25살까지 살았다. 예형, 사장은 26살까지 살았다. 위개, 왕융, 이하는 27살까지 살았다. 육궐, 최장겸은 28살까지 살았다. 왕발, 이관은 29살까지 살았다. 완첨은 30살까지 살았다.

王寂二十二. 徐份二十二. 劉宏二十三. 王延壽 王弼 王脩何 子朗二十四. 袁耽二十五. 禰衡 謝莊二十六. 衛玠 王融 李賀二十七. 陸厥 崔長謙二十八. 王勃 李觀二十九. 阮瞻三十.

30. 양나라 소명태자는 31살까지 살았다. 안연, 육지, 노순은 32살까지 살았다. 가의, 범방은 33살까지 살았다. 육염은 34살까지 살았다. 사첨은 35살까지 살았다. 사조, 유염은 36살까지 살았다. 사회, 사혜련은 37살까지 살았다. 왕민, 왕검은 38살까지 살았다. 왕몽하, 경명은 39살까지 살았다. 혜강, 구양첨은 40살까지 살았다. _{왕자진부터는 재능이 있었지만 요절한 사람들이다.}

梁昭明太子三十一. 顔淵 陸續 盧詢三十二. 賈誼 范滂三十三. 陸琰三十四. 謝瞻三十五. 謝朓 劉琰三十六. 謝晦 謝惠連三十七. 王珉 王儉三十八. 王濛何 景明三十九. 稽康 歐陽詹四十. _{王子晉已下才名夭折者}

31. 여불위와 미축은 집에서 부리는 종이 만 명이었다. 왕씨 오후[63]와 조규[64], 양소는 집에서 부리는 종이 수천이었다.

呂不韋 糜竺 家僮萬人. 王氏 五侯 刁逵 楊素 家僮數千.

32. 원옹은 집에 부리는 종이 6천 명이었고 시중드는 여자가 5백 명이었다. 곽분양은 집에서 부리는 종이 3천 명이었다. 탁왕손은 집에서 부리는 종이 천여 명이었다.

---

63) 한나라 成帝 때 외척 王鳳의 다섯 동생들로 이름은 譚, 商, 立, 根, 逢時이다. 이들은 같은 날 열후에 봉해졌다.
64) 晋나라 사람. 字는 伯道.

元雍家僮六千 女妓五百. 郭汾陽家僮三千. 卓王孫家僮千餘.

33. 원광한은 집에 부리는 종이 9백 명이었다. 정정국은 집에 부리는 종이 8백 명이었다. 석숭은 집에 부리는 종이 8백 명이었고 미모를 갖춘 시비가 천여 명이었고 밀랍으로 땔나무를 대신했고 산초나무 열매에서 짜낸 기름으로 집 벽을 칠했다.

袁廣漢家僮九百. 程鄭國家僮八百. 石崇家僮八百 美婢千餘 以蠟代薪塗屋以椒.

34. 왕개는 맥아당으로 솥을 씻었고 적송 열매에서 짜낸 적석유[65]로 집 벽을 칠했다.

王愷以飴澳釜 用赤石脂塗屋.

35. 하증은 하루 밥 먹는 비용으로 만 전을 썼다. 자소는 하루에 2만 전을 썼다. 화교는 하루에 3만 전을 썼다.

何曾日食萬錢. 子劭日費二萬錢. 和嶠日三萬錢.

36. 두종은 하루에 5번 밥을 먹었는데 한 번 밥 먹을 때 비용이 만 전이었다. 임개는 한 번 밥 먹을 때 만 전을 썼다. 원옹은 한 번 밥 먹을 때 만 전을 썼다. 이덕유는 국 한 그릇이 2만 전에 이르렀다.

杜悰日五食 一食萬錢. 任愷一食萬錢. 元雍一食數萬錢. 李德裕一杯羹至二萬錢.

37. 원재는 음식물과 그릇이 3천 가지나 되었다.

元載食物碗器至三千事.

---

65) 적송의 열매에서 짜낸 기름.

38. 채경은 부엌에서 일하는 여자 종이 수백 명이었고 요리사가 15
명이었으며 매번 잡는 메추라기가 천여 마리였다.

蔡京廚婢數百　庖子十五人　每殺鶉子千餘.

제9장 변이(變異)

1. 창힐이 글자 만드는 일을 끝내자 하늘에서 곡식비가 내렸고 귀신이 밤에 울었다. ○ 왕희지가 황정경을 쓰기를 마치자 공중에서 '경의 글씨는 나를 감동시키니 하물며 사람들에게는 어떻겠는가'라는 소리가 났다.

蒼頡造文字成 天雨粟鬼夜哭. ○ 王羲之書黃庭經訖 空中有語 卿書感我而況人乎.

2. 요임금 때에 열 개의 해가 함께 나타나 초목이 마르고 타 죽었다. 요임금은 예에게 쏘아 맞추도록 명령을 내렸다. 예가 쏜 화살에 맞은 아홉 마리의 새는 모두 죽었다.

堯時十日並出草木焦枯 命羿仰射 中九鳥皆死.

3. 노나라 양공이 한나라 구난과 한창 전투 중이었을 때 해가 저물었다. 창을 잡아 높이 올려 휘두르자 해가 뒤로 3사66)를 물러났다.

魯陽公與漢構難戰酣日暮. 援戈而撝之 日反三舍.

4. 상나라 주임금 때 고기비가 내리고 피비가 내리고 석회비가 내리고 흙비가 내리고 돌비가 내리고 6월에 눈이 내렸다.

商紂時 雨肉 雨血 雨灰 雨土 雨石 六月雨雪.

5. 연나라 혜왕이 무고를 믿고 추연을 체포했다. 추연이 하늘을 보고 울부짖자 6월인데도 하늘에서 서리가 내렸다.

燕惠王信讒繫鄒衍. 衍仰天哭 六月天爲下霜.

---

66) 舍는 별이나 해가 머무는 자리.

6. 한나라 성제 때 궁중에 한 마리 푸른 사슴이 비로 내렸다. 고기를 먹으니 매우 맛있었다. 역사책에 흙먼지비, 모래비, 흙비, 돌비가 내렸다거나 금비, 납비, 쇠비, 얼음비가 내렸다거나 솜비, 비단비, 곡식비가 내렸다거나 초목비, 꽃비, 낙엽비가 내렸다거나 물고기비, 고기비, 털비, 피비가 내렸다는 기록은 셀 수 없이 많지만 사슴비는 더욱더 괴이한 일이다.

漢成帝時 宮中雨一蒼鹿 食之甚美. 史載雨塵沙土石 雨金鉛鐵氷 雨絮帛穀粟 雨草木花葉, 雨魚肉毛血不勝述 而鹿尤怪矣.

7. 하나라 선제 때 장강과 회수 유역에 기근이 들었을 때 곡식비가 3일을 내렸다. 손권의 오나라 때 금릉에 오곡비가 내렸는데 가난한 사람 집에는 내리고 부유한 사람 집에는 내리지 않았다. 원나라 순제 때 기장비가 내렸다.

漢宣帝時 江淮飢饉 雨穀三日. 孫吳時 金陵雨五穀於貧家 富者則不雨. 元順帝時 雨黍.

8. 하나라 우임금 때 금비가 3일을 내렸다. 진나라 헌공 때 역양 지역에 금비가 내렸다. 당나라 측천무후 때 광주에 금비가 내렸다. 원나라 영종 때 쇠비가 내려 백성들의 집과 산의 바위에 모두 구멍이 뚫렸고 사람들과 동물들이 쇠비를 맞고 쓰러졌다.

夏禹時 雨金三日. 秦獻公時 雨金櫟陽. 唐則天時 廣州雨金. 元英宗時 雨鐵 民舍山石皆穿 人物值之輒斃.

9. 수나라 개왕 때 돌비가 무안과 금양 사이의 10리에 걸쳐 내렸다. 명나라 홍치 연간에 협서에 돌비가 내렸는데 큰 것은 거위나 오리의 알만 했고 작은 것은 연밥만 했다.

隋開皇時 雨石于武安 淦陽間十里. 明弘治時 陝西雨石 大如鵝鴨卵小如雞頭實.

10. 양나라 혜왕과 성왕 때 뼈비가 내렸다. 당나라 정원 연간에 진류에 10리 남짓에 걸쳐 나무비가 내렸는데 크기가 손가락만 했고 길이가 1촌이나 되었다.

梁惠成王時 雨骨. 唐貞元時 雨木于陳留十里 許大如指長如寸.

11. 한나라 무제 때 흰 털비가 내렸다. 수나라 개왕 때 털비가 내렸는데 말꼬리 같았다. 원나라 순제 때 털비가 내렸는데 가는 실처럼 생겼고 초록색이었다. 일본에서 일찍이 털비가 내렸는데 며칠이고 그치지 않았다.

漢武帝時 雨白毛. 隋開皇時 雨毛如馬尾. 元順帝時 雨毛如線而綠. 倭中會有雨毛 連日不止.

12. 원나라 순제 때 변양67)에 피비가 내렸다. 명나라 가정 연간에 남경에 피비가 내렸다. 고려 인종 때 피비가 내렸다. 고종 때 수은비가 내렸다.

元順帝時 雨血于汴梁. 明嘉靖時 南京雨血. 高麗仁宗時 雨血, 高宗時 雨水銀.

13. 한나라 무제 때 우박이 내렸는데 매실만 했다. 경제 때 하서지방에 우박이 내렸는데 술잔 모양으로 큰 것은 말(斗)만 했다. 무제 때 내린 우박은 말 머리만 했다. 성제 때 내린 우박은 솥만 했고 도끼 같았다. 진나라 목제 때 내린 우박은 그릇 같았는데 승이나 석을 담을 만큼 컸다. 준이 제위를 물려받았을 때 내린 우박은 말(斗)만 했는데, 한 달이 넘어서야 없어졌다.

漢文帝時 雨雹如梅李. 景帝時 河西雹如桮棬大如斗. 武帝時 雹如馬首. 成帝時 雹大如釜如斧. 晉穆帝時 雹如盂升石. 遵襲位雹如斗 月餘乃滅.

---

14. 한나라 영제 때 낙양에서 말이 사람을 낳았다. 말 관리인 호창두가 말과 교접하여 자식을 낳은 것이라고 말해진다. 당나라 건부 2년에 하북지방에서 말이 사람을 낳았다.

漢靈帝時 京師馬生人. 養馬胡蒼頭交馬以生子云. 唐乾符二年 河北馬生人.

15. 동진 때 땅에서 흰 털이 났다. 손성은 사람들의 노력이 만들어낸 이상 현상이라고 생각했다. 송나라 고종 때 땅에서 흰 털이 났다.

東晉時 地生白毛. 孫盛 以爲人勞之異. 宋高宗時 地生白毛.

16. 위나라 양왕 때 여자가 변해서 성인 남자가 되었다. 송나라 문제 때 연 지방에서 여자가 변해서 남자가 되었다. 명나라 세종 때 대동에서 여자가 변해서 남자가 되었다. 백제 때 늙은 노파가 변해서 남자가 되었다.

魏襄王時 女子化爲丈夫. 宋文帝時 燕女子化爲男. 明世宗時 大同女化爲男. 百濟時 老嫗化爲男.

17. 한나라 애제 때 예장에서 남자가 변해서 여자가 되었고, 그 여자가 시집가서 남자 아이 한 명을 낳았다. 남자 아이를 낳은 것이 더욱 괴이하다.

漢哀帝時 豫章男子化爲女 嫁而生一男. 生男尤異.

18. 명나라 융경 연간 초기에 산서의 백성 이량우는 가난하여 아내를 내보내고 자신은 다른 사람 집에서 날품을 팔았는데 변해서 여자가 되었다.

明隆慶初 山西民李良雨貧出妻, 自傭于人化爲女.

19. 제나라에서 왕비가 왕을 원망하다 죽었는데 변해서 매미가 되었다.

齊后怨王而死 變爲蟬.

20. 초나라 장왕 때 궁인이 하루 아침에 나방으로 변해서 날아갔다.
楚莊王時 宮人一朝化爲野蛾飛去.

21. 촉국의 시조 인황씨의 대에 창의가 촉의 여자를 부인으로 맞아 제곡을 낳았다. 제곡은 서자를 촉 땅에 봉했다. 그 서자는 이때부터 왕이라 칭하기 시작했고 스스로 이름을 잠총이라고 했다. 그를 이은 다음 임금은 이름이 두우이고 칭호는 망제이다. 형 땅의 사람 별령이 있었는데 죽어서 그 시신이 물에 떠내려 와서 촉에서 다시 소생하였다. 망제는 그를 재상으로 임명했다. 자신의 덕이 그에 미치지 못한다고 생각해서 임금의 자리를 물려주어 별령이 임금의 자리에 올랐다. 뒤에 망제가 복위하려 하였지만 뜻을 이루지 못하고 죽어 두견새가 되었다. 두견새들은 서로 울음소리를 돋우며 피를 토하고 죽었다.
蜀國肇人皇際 昌意娶蜀女生帝嚳. 封支庶於蜀始稱王自名蠶叢. 其後王名杜宇號望帝. 有荊人鼈靈死 其屍浮水至復生 望帝見爲相. 以己德不如讓位鼈靈立. 望帝後欲復位 不得死爲杜鵑相推鳴吐血死.

22. 한나라 경제가 호랑이를 사냥하였지만 잡지 못하자 그 호랑이 제사를 지냈다. 꿈에 호랑이가 나타나 말했다. '당신이 나를 원하니 지금 내 스스로 죽는다. 그러니 당신이 가져라' 다음 날, 제사 지냈던 곳에 그 호랑이가 죽어 있는 것을 보고는 명을 내려 가죽을 벗겼더니 남은 고기가 다시 호랑이가 되었다.
漢景帝獵虎不得爲祭其虎. 夢虎曰汝欲得我今自殺 從汝取. 明日見此虎死在祭所 命剝皮餘肉復爲虎.

23. 두무의 어머니는 두무를 낳을 때 뱀 한 마리를 함께 나아 그 뱀을 숲 속에 놓아 주었다. 뒤에 두무의 어머니가 죽어 장사를 지내려고 할 때 큰 뱀이 와서 머리로 널을 치며 피와 눈물을 모두 흘려 마치 애도하며 우는 모습같이 하다가 얼마 뒤에 떠나갔다.

竇武母産武拜一蛇 送蛇林中. 後母卒及葬有大蛇至 以頭擊柩涕血 皆流若哀泣容有頃而去.

24. 노남에 앵무새를 기르는 사람이 있었는데, 앵무새는 사람 말을 할 수 있었다. 이족의 족장이 그 앵무새를 50만 금에 사려고 하였다. 앵무새를 기르는 사람이 팔려고 한다고 앵무새에게 말하자 앵무새가 "나는 한나라의 새입니다. 오랑캐의 땅으로 가고 싶지 않습니다." 하고는 먹이를 먹지 않고 굶어 죽었다.

瀘南有畜秦吉了者 能人言. 夷酋欲買以五十萬 其人告將賣 鳥曰我漢禽不願入夷中 遂不食死.

25. 경청은 건문제의 부흥을 위해서 옷깃 속에 칼을 몰래 감추고 영락제를 죽이려 하였다. 피부를 벗긴 그의 시체를 관에 넣어 장안문에 걸어 두게 하였는데 어가가 지나갈 때 시체가 갑자기 밧줄을 끊고 영락제를 공격하려는 모습으로 앞으로 나갔다. 조칙으로 시체를 불태워 없애버렸다.

景清欲爲建文興 復伏刃衣袵中犯上. 命剝皮檟之繫長安門 駕過屍忽斷索前行爲犯上. 狀詔焚夷.

26. 고려의 장군 김락은 전쟁 중에 죽었다. 태조는 신하들에게 잔치를 베풀 때 그의 임시로 만든 형상을 그의 자리에 두고 술과 음식을 내려 주면 곧바로 음식은 그을리고 술은 말랐고 임시로 만든 형상은 살아 있는 사람처럼 춤을 추었다. 뒤에 예종이 서도를 둘러보았는데 김락의 임시로 만든 형상이 말을 타고 뛰어다니며 궁정을 두루 돌아다녔다.

高麗將金樂戰死. 太祖宴群臣爲假像在, 班賜酒食輒焦乾假像起舞如生人. 後睿宗省西都 其假像騎馬踊躍周巡於庭.

27. 원나라 순제 때 두 개의 해가 나와 서로를 흔들었다. 신라 혜공

왕 때 두 개의 해가 함께 나왔다. 문성왕 때 세 개의 해가 함께 나왔다. 고려 인종 때 해와 달이 함께 나왔고 3개의 해가 함께 나왔다.

元順帝時 兩日相盪. 新羅惠恭王時 兩日並出. 文聖王時 三日並出.
高麗仁宗時 日月同出三日幷出.

28. 고구려가 망하려 할 때 동명왕의 어머니 초상이 3일 동안 피눈물을 흘렸고 평양의 물이 3일 동안 붉었다.

高句麗將亡 東明王母塑像泣血三日 平壤水赤三日.

29. 백제의 장군 망중호가 궁에 들어가자 도성의 우물물과 사수, 체수, 황하가 피처럼 붉어졌다.

百濟將亡衆狐入宮 都中井水及泗沘河赤如血.

30. 신라 헌덕왕 때 무진주에서 한 여자가 아이를 낳았는데 머리가 2개, 몸이 2개, 팔이 4개였다. 고구려 고국양왕 때 소가 말을 낳았는데 다리가 8개, 꼬리가 2개였다.

新羅憲德王時, 武珍州女産兒二頭二身四臂. 高句麗故國壤王時 牛生馬八足二尾.

31. 호지초는 모두 황소군의 묘소에 있는 풀이다. 황소군은 홀로 푸른 마음으로 한나라를 잊지 못해 죽어서도 푸른 무덤으로 자신의 마음을 드러내었다.

胡地草皆黃昭君墓草. 獨靑心未嘗忘漢 死旌靑塚.

32. 남쪽 지방에 기름이 많은 고기가 있다. 그 고기에서 짜낸 기름으로 베틀에 등불을 켜면 밝지 않고 찬치 할 때 등불을 켜면 밝았다. 그래서 그 기름으로 켜는 등불을 참등, 즉 '음식을 탐하는 등불'이라고 한다.

南方有魚多脂. 照紡績則暗 照宴樂則明 謂之饞燈.

33. 고려 신종 때 장흥고에 있는 향로의 다리에 있는 사자가 개 짓 듯이 울었다. 충혜왕 때 종루의 종이 쳐도 소리를 내지 않았다.

高麗神宗時 長興庫香爐足獅子鳴如犬吠. 忠惠王時 鍾樓鍾撞不鳴.

34. 신라 태종왕 때 토함산에 땅에 불이 붙어 3년이 지나자 꺼졌다. 북 암이 무너져 부서져 쌀이 되었는데 먹어보니 오래 묵은 쌀 같았다고 한다.

新羅太宗王時 吐含山地燃三年而滅. 北巖崩碎爲米 食之如陳米云.

35. 선조조에 숙정문 밖의 암벽 틈에서 수액이 흘러 나왔다. 맑은 것 이 술 같았고 진한 것은 떡 같았다.

宣祖祖肅淸門外巖罅有液流出. 淸者如酒 濃者如餠.

36. 광해조 계축년 10월에 야생 꿩이 도성으로 들어와 시장 바닥에 두루 퍼졌는데 그 수를 헤아릴 수도 없이 많았다. 대궐 안과 시장의 우물에 날아 모여들면 아이들이 다투어 잡아서 먹었는데 그런 것이 한 달 넘게 갔다.

光海祖癸丑十月 野雉入都城 殆遍市肆 不知其數. 至於飛集闕中市井 小兒爭相捕食如是月餘.

제3부

왕조의 계보

제10장 전운(傳運)
붙 임: 동국(東國)

제10장 전운(傳運)

1. 반고씨,혼돈이라고도 한다. 천황씨, 지황씨, 인황씨.거방씨 또는 구황씨라고도 한다. ○ 여기까지는 상고기이다.

盤古氏^{又曰渾敦} 天皇氏 地皇氏 人皇氏.^{亦曰居方氏九皇氏} ○ 以上 上古紀.

2. 황백씨, 황중씨, 황숙씨, 황계씨, 황소씨 ○ 여기까지는 오룡기이다.

皇伯氏 皇仲氏 皇叔氏 皇季氏 皇少氏. ○ 以上 五龍紀.

3. 섭제기,^{59성} 합락기,^{3성} 연통기,^{6성} 서명기.^{4성} ○ 이상은 4기가 스스로 계승하여 다스렸다. 모든 연호는 전해지지 않는다.

攝提紀^{五十九姓} 合雒紀^{三姓} 連通紀^{六姓} 敍命紀.^{四姓} ○ 以上 四紀相繼而治 幷失其號.

4. 거령씨, 구강씨, 초명씨, 탁광씨, 구진씨, 황신씨, 구신씨, 이령씨, 대괴씨, 귀괴씨, 엄자씨, 태봉씨, 염상씨, 개영씨, 대돈씨, 영양씨, 무상씨, 태일씨, 공상씨, 신민씨, 의제씨, 차민씨. ○ 여기까지는 순비기이다.

鋸靈氏 句彊氏 譙明氏 涿光氏 鉤陳氏 黃神氏 矩神氏 犁靈氏 大騩氏 鬼騩氏 弇茲氏 泰逢氏 冉相氏 蓋盈氏 大敦氏 靈陽氏 巫常氏 泰壹氏 空桑氏 神民氏 猗帝氏 次民氏. ○ 以上 循蜚紀.

5. 진방씨,^{4세} 촉산씨, 회괴씨,^{6세} 혼돈씨,^{7세} 동호씨,^{17세} 황저씨,이광씨라고도 한다. 7세 계통씨,^{3세} 길이씨,^{4세} 궤거씨, 희위씨,^{4세} 유소씨,^{2세} 수인씨,수황이라고도 한다. 8세 용성씨.^{8세} ○ 여기까지는 인제기이다.

辰放氏^{四世} 蜀山氏 傀傀氏^{六世} 渾沌氏^{七世} 東戶氏^{十七世} 皇罝氏^{又曰離光氏}

七世 啓統氏^{三世} 吉夷氏^{四世} 几蘧氏 豨韋氏^{四世} 有巢氏^{二世} 燧人氏^{亦曰遂皇.} 八世 庸成氏.^{八世} ○ 以上 因提紀.

6. 헌원씨, 축융씨, 태호복희씨, 사황씨, 여와씨, 공공씨, 백황씨, 중앙씨,^{중황씨라고도 한다} 대정씨,^{주안씨라고도 한다} 율륙씨, 여연씨,^{곤연씨라고도 한다} 혼돈씨,^{위에도 보인다} 혁서씨, 존려씨, 호영씨,^{여영씨라고도 한다} 고황씨,^{유소씨라고도 한다} 주양씨, 갈천씨, 음강씨, 무회씨, 염제씨, 신농씨,^{열산씨 연산씨, 伊耆씨라고도 한다} 제임, 괴제, 승제, 명^{측이라고도 쓴다}제, 의^{순이라고도 하고 백으로 쓰기도 한다}제, 래제, 양^{충이라고도 쓰고 거라고도 한다}제, 유망. ○ 여기까지는 선통기이다.

軒轅氏 祝融氏 太昊宓犧氏 史皇氏 女媧氏 共工氏 栢皇氏 中央氏^{亦曰中皇氏} 大庭氏^{亦曰朱顏氏} 栗陸氏 驪連氏^{亦曰昆連氏} 渾沌氏^{見上} 赫胥氏 尊盧氏 吳英氏^{亦曰予英氏} 古皇氏^{亦曰有巢氏} 朱襄氏 葛天氏 陰康氏 無懷氏 炎帝氏 神農氏^{又曰烈山氏, 連山氏, 伊(伊)耆氏} 帝臨 魁帝 承帝 明^{一作則}帝 宜^{又曰直一作百}帝 來帝, 襄^{一作夷又曰居}帝 楡罔. ○ 以上 禪通紀.

7. 황제 유웅씨,^{헌원씨라고도 한다} 소호 금천씨,^{궁상씨라고도 쓰고 또 청양씨, 운양씨라고도 한다} 전욱 고양씨, 제곡 고신씨, 제요 도당씨, 제순 유우씨. ○ 여기까지는 소흘기이다.

黃帝有熊氏^{又曰軒轅氏} 少昊金天氏^{一作窮桑氏, 亦曰靑陽氏, 雲陽氏} 顓頊高陽氏 帝嚳高辛氏 帝堯陶唐氏 帝舜有虞氏. ○ 以上 疏仡紀.

8. 하나라: 대우, 제계, 태강, 중강, 왕상, 소강, 왕저, 괴왕, 망왕, 설왕, 불강왕, 경왕, 왕근, 왕공갑, 왕고, 왕발, 왕리계.^{호는 걸이다} 모두 458년이다. ○ 예의 신하 한착이 예와 왕상을 죽이고 제위를 찬탈한 것이 40년이었다.

夏 大禹 帝啓 太康 仲康 王相 少康 王杼 王槐 王芒 王泄 不降王 扃王 王厪 王孔甲 王皐 王發 王履癸.^{號桀} 共四百五十八年. ○ 羿臣寒浞殺羿及王相簒位四十年.

9. 은나라: 성탕, 태갑, 옥정, 태강, 소갑, 옹이, 태무, 중정, 외임, 하단갑, 조을, 조신, 옥갑, 조정, 남경, 양갑, 반경, 소신, 소을, 무정, 조경, 조갑, 늠신, 경정, 무을, 태정, 제을, 제신.^{호는 주이다} 모두 644년이다.

殷 成湯 太甲 沃丁 太康 小甲 雍己 太戊 仲丁 外任 河亶甲 祖乙 祖辛 沃甲 祖丁 南庚 陽甲 盤庚 小辛 小乙 武丁 祖庚 祖甲 廩辛 庚丁 武乙 太丁 帝乙 帝辛.^{號紂} 共六百四十四年.

10. 주나라: 무왕, 성왕, 강왕, 소왕, 목왕, 공왕, 의왕, 효왕, 이왕, 려왕, 선왕, 유왕.^{여기까지는 서주이다} 평왕, 환왕, 장왕, 이왕(혹시 僖王의 잘못), 혜왕, 양왕, 경왕, 광왕, 정왕, 간왕, 영왕, 경왕, 도왕, 경왕, 원왕, 정정왕, 애왕, 사왕, 고왕, 위열왕, 안왕, 열왕, 현왕, 신정왕, 난왕, 동주군.^{여기까지는 동주이다} 모두 874년이다. ○ 여기까지는 삼대기이다.

周 武王 成王 康王 昭王 穆王 共王 懿王 孝王 夷王 厲王 宣王 幽王.^{西周} 平王 桓王 莊王 釐王 惠王 襄王 頃王 匡王 定王 簡王 靈王 景王 悼王 敬王 元王 貞定王 哀王 思王 考王 威烈王 安王 烈王 顯王 愼靚王 赧王 東周君.^{東周} 共八百七十四年 ○ 以上三代紀.

－부(附)－

춘추12국 ○ 노나라, 위나라, 진나라, 정나라, 조나라, 채나라, 연나라, 오나라. 여기까지는 주나라와 같은 성이다. 제나라, 송나라, 진나라, 초나라, 진나라. 여기까지는 주나라와 다른 성이다.

전국7웅 ○ 진나라, 초나라, 연나라, 위나라, 조나라, 한나라, 제나라.

－附－

春秋十二國 ○ 魯 衛 晉 鄭 曹 蔡 燕 吳 與周同姓. 齊 宋 陳 楚 秦 與周異姓.

戰國七雄 ○ 秦 楚 燕 魏 趙 韓 齊.

11. 진나라: 시황, 이세, 유자영. 모두 15년이다.^{윤위이다} 서초와 한나라

를 붙인다.

秦 始皇 二世 孺子嬰. 共十五年.^{即閏位} 附西楚 漢.

12. 한나라: 고조, 혜제, 고후, 문제,^{후원} 경제,^{중원, 후원} 무제,^{건원, 원광, 원삭,} 원수, 원정, 원봉, 태초, 천한, 태시, 정화, 후원 소제,^{시원, 원봉, 원평} 선제,^{본시, 지절, 원강, 신} 작, 오봉, 감로, 황룡 원제,^{초원, 영광, 건소, 경녕} 성제,^{건시, 하평, 양삭, 홍가, 영시, 원연, 채화} 애제,^{건평, 원가} 평제,^{원시} 유자영,^{거섭, 초시} 제현.^{경시. 여기까지는 서한이다} ○ 광무제,^{건무, 중원} 명제,^{영평} 장제,^{건초, 원화, 장화} 화제,^{영원, 원흥} 상제,^{연평} 안제,^{영초, 원초, 영} 녕, 건광, 연광 순제,^{영건, 양가, 영화, 한안, 건강} 충제^{영가}, 질제^{본초}, 환제^{건화, 화평, 원가,} 영흥, 영수, 연희, 영강 영제,^{건녕, 희평, 광화, 중평} 헌제.^{초평, 흥평, 건안. ○ 여기까지는 동한이} 다 소열제,^{장무} 후제.^{건흥, 연희, 경요, 염흥 ○ 여기까지는 촉한이다} 모두 469년이다. 신망이 재위를 찬탈한 14년^{천봉, 지황}을 붙인다.

漢 高祖 惠帝 高后 文帝^{後元} 景帝^{中元 後元} 武帝^{建元 元光 元朔 元狩 元鼎 元} 封 太初 天漢 太始 征和 後元 昭帝^{始元 元鳳 元平} 宣帝^{本始 地節 元康 神爵 五鳳 甘露 黃龍} 元帝^{初元 永光 建昭 竟寧} 成帝^{建始 河平 陽朔 鴻嘉 永始 元延 綵和} 哀帝^{建平 元嘉} 平帝^{元始} 孺子嬰^{居攝 初始} 帝玄.^{更始. 西漢} ○ 光武帝^{建武 中元} 明帝^{永平} 章帝^{建初 元和} 章和 和帝^{永元 元興} 殤帝^{延平} 安帝^{永初 元初 永寧 建光 延光} 順帝^{永建 陽嘉 永和 漢安} 建康 冲帝^{永嘉} 質帝^{本初} 桓帝^{建和 和平 元嘉 永興 永壽 延熹 永康} 靈帝^{建寧 熹平 光華} 中平 獻帝^{初平 興平 建安. ○東漢} 昭烈帝^{章武} 後帝.^{建興 延熙 景耀 炎興. ○蜀漢} 共四 百六十九年. 附新莽僭位十四年.^{天鳳 地皇}

－부(附)－

위나라: 문제 조비,^{황초} 명제 예,^{태화, 청룡, 경초} 제왕 방,^{정시, 가평} 고귀향공 모,^{정원, 감로} 원제 환.^{경원, 함희} 모두 해서 46년이다.

－附－

魏 文帝 曹丕^{皇初} 明帝 叡^{太和 青龍 景初} 齊王 芳^{正始 嘉平} 高貴鄕公 髦^{正元} ^{甘露} 元帝 奐.^{景元 咸熙} 共四十六年.

오나라: 대제 손권,^{황무, 황룡, 가화, 적조, 대원} 회계왕 량,^{건흥, 오봉, 태평} 경제

휴,^{영안} 조정후 호.^{원흥, 감로, 보정, 건형, 봉황, 천새, 천기} 모두 해서 52년이다.

吳　大帝　孫權^{皇武　黃龍　嘉禾　赤鳥　大元}　會稽王　亮^{建興　五鳳　太平}　景帝　休^{永安}
烏程侯　晧.^{元興　甘露　寶鼎　建衡　鳳凰　天璽　天紀}　共五十二年.

13. 진나라: 무제,^{태시, 함녕, 태강} 혜제,^{영희, 원강, 영강, 영녕, 영안, 영흥, 광희} 회제,
^{영가} 민제.^{건흥.} ○ 여기까지는 서진이다 원제,^{건무, 태흥, 영창} 명제,^{태녕} 성제,^{함화, 함강}
강제,^{건원} 목제,^{영화, 승평} 애제,^{융화, 흥강} 제혁,^{태화} 간문제,^{함안} 효무제,^{영강, 태원}
안제,^{융안, 원흥, 의희} 공제.^{원희, 여기까지는 동진이다} ○ 모두해서 156년이다.

晉　武帝^{泰始　咸寧　太康}　惠帝^{永熙　元康　永康　永寧　永安　永興　光熙}　懷帝^{永嘉}　愍帝.^建
^{興.} ○ ^{西晉}　元帝建^武　^{太興　永昌}　明帝^{太寧}　成帝^{咸和　咸康}　康帝^{建元}　穆帝^{永和　升平}
哀帝^{隆和　興康}　帝奕^{太和}　簡文帝^{咸安}　孝武帝^{寧康　太元}　安帝^{隆安　元興　義熙}　恭帝.^元
^{熙　東晉} ○ 共一百五十六年.

－부(附)－

분수에 넘치게도 황제의 호칭을 사용한 18나라 ○ 한나라, 성나라,
양나라, 후조, 대나라, 연나라, 위나라, 진나라, 후진, 후연, 서연, 서진,
후량, 남연, 북량, 남량, 서량, 하나라.

－附－

僭號十八國. ○ 漢　成　凉　後趙　大　燕　魏　秦　後秦　後燕　西燕　西秦
後凉　南燕　北凉　南凉　西凉　夏.

14. 송나라: 무제,^{영초} 영양왕,^{경평} 문제,^{원가} 효무제,^{효건, 대명} 폐제,^{경화} 명
제,^{태시, 태상} 창오왕,^{원휘} 순제.^{승명} 모두 해서 60년이다. 북조와 위나라에
복속되었다.

宋　武帝^{永初}　營陽王^{景平}　文帝^{元嘉}　孝武帝^{孝乾　大明}　廢帝^{景和}　明帝^{泰始　泰像}
蒼梧王^{元徽}　順帝.^{昇明}　共六十年. 附北朝　魏.

15. 제나라: 고제,^{건원} 무제,^{영명} 울림왕,^{융창} 해릉왕,^{연흥} 명제,^{건무, 영태} 동

혼후,^{영원} 화제.^{중흥} 모두 해서 24년이다. 북조와 위나라에 복속되었다.

齊 高帝^{建元} 武帝^{永明} 鬱林王^{隆昌} 海陵王^{延興} 明帝^{建武 永泰} 東昏侯^{永元} 和帝.^{中興} 共二十四年. 附北朝 魏.

16. 양나라: 무제,^{천감, 진통, 대통, 중대통, 대동, 중대동, 대청} 간문제,^{대보} 원제,^{승성} 경제.^{소태, 태평} 모두 해서 56년이다. 북조, 위나라, 동위, 북제에 복속되었다.

梁 武帝^{天監 晋通 大通 中大通 大同 中大同 大淸} 簡文帝^{大寶} 元帝^{承聖} 敬帝.^{紹泰 太平} 共五十六年. 附北朝 魏 東魏 北齊.

17. 진나라: 무제,^{영정} 문제,^{천가, 천강} 임해왕,^{광대} 선제,^{천건} 후주.^{지덕, 정명} 모두 해서 33년이다. 북제, 후주를 붙인다. ○ 여기까지는 남북조이다.

陳 武帝^{永定} 文帝^{天嘉 天康} 臨海王^{光大} 宣帝^{天建} 後主.^{至德 禎明} 共三十三年. 附北齊 後周 ○ 以上南北朝.

－부(附)－

원위: 도무제, 명원제, 태무제, 문성제, 헌문제, 효문제, 선무제, 효명제, 효장제, 주엽, 절민제, 주랑, 효무제.^{여기까지는 후위이다} 문제, 폐주, 공제.^{여기까지는 서위이다} 모두 해서 172년이다. 동위의 효정제에 복속되었다.

북제: 문선제, 효소제, 무성제, 후주. 모두 해서 28년이다.

후주: 효민제, 명제, 무제, 선제, 정제. 모두 해서 25년이다.

－附－

元魏: 道武帝 明元帝 太武帝 文成帝 獻文帝 孝文帝 宣武帝 孝明帝 孝莊帝 主曄 節閔帝 主朗 孝武帝—後魏—文帝 廢主 恭帝—西魏—. 共一百七十二年. 附東魏孝靜帝.

北齊: 文宣帝 孝昭帝 武成帝 後主. 共二十八年.

後周: 孝愍帝 明帝 武帝 宣帝 靜帝. 共二十五年.

18. 수나라: 문제,^{개황, 인수} 양제,^{대업} 공제.^{의령} 모두 해서 30년이다.

隋 文帝^{開皇, 仁壽} 煬帝^{大業} 恭帝.^{義寧} 共三十年.

19. 당나라: 고조,^{무덕} 태종,^{정관} 고종,^{영휘, 현경, 용삭, 인덕, 건봉, 총장, 함형, 상원,} ^{의봉, 위로, 영륭, 개요, 영순, 홍도} 중종,^{사성, 신룡, 경룡} 예종,^{경운, 태극} 현종,^{개원, 천보} 숙종,^{지덕, 건원, 상원, 보응} 대종,^{광덕, 영태, 대력} 덕종,^{건중, 흥원, 정원} 순종,^{영정} 헌종,^{원화} 목종,^{장경} 경종,^{보력} 문종,^{태화, 개성} 무종,^{회창} 선종,^{태중} 의종,^{함통} 희종,^{건부, 광명, 중화,} ^{광계, 문덕} 소종,^{용기, 대순, 경복, 건녕, 광화, 천복, 천우} 소선제.^{천우를 그대로 이어서 사용함}

모두 해서 290년이다. 무후가 황제 칭호를 분수에 넘치게도 사용한 주나라 21년^{광택, 수공, 영창, 천수, 재초, 장수, 여의, 연재, 천책, 만세, 만세, 통천, 신공, 성력, 구시, 장안} 을 붙인다.

唐 高祖^{武德} 太宗^{貞觀} 高宗^{永徽 顯慶 龍朔 麟德 乾封 總章 咸亨 上元 儀鳳 謂露 永隆} ^{開耀 永淳 弘道} 中宗^{嗣聖 神龍 景龍} 睿宗^{景雲 太極} 玄宗^{開元 天寶} 肅宗^{至德 乾元 上元} ^{寶應} 代宗^{廣德 永泰 大曆} 德宗^{建中 興元 貞元} 順宗^{永貞} 憲宗^{元和} 穆宗^{長慶} 敬宗^{寶曆} 文宗^{太和 開成} 武宗^{會昌} 宣宗^{太中} 懿宗^{咸通} 禧宗^{乾符 廣明 中和 光啓 文德} 昭宗^{龍紀} ^{大順 景福 乾寧 光化 天復 天祐} 昭宣帝.^{仍用天祐} 共二百九十年. 附武后僭號周二 十一年.^{光宅 垂拱 永昌 天授 載初 長壽 如意 延載 天冊 萬歲 萬歲 通天 神功 聖曆 久視 長安}

후량: 태조,^{문명, 건화} 균왕.^{정명, 용덕} 모두 해서 17년이다. 거란에 복속되었다.
後梁 太祖^{開平 乾化} 均王.^{貞明 龍德} 共十七年 附契丹.

후당: 장종,^{동광} 명종,^{천성, 장흥} 민종,^{응순} 노왕.^{청태} 모두 해서 40년이다.
거란에 복속되었다.
後唐 莊宗^{同光} 明宗^{天成 長興} 閔宗^{應順} 潞王.^{清泰} 共四十年. 附契丹.

후진: 고조,^{천복} 출제.^{개운} 모두 해서 12년이다. 거란에 복속되었다. 이
름을 요로 바꾸었다.
後晉 高祖^{天福} 出帝.^{開運} 共十二年. 附契丹 改號遼.

후한: 고조,^{건우} 은제.^{아버지의 연호를 그대로 사용했다} 4년이다. 요에 복속되었다.

後漢 高祖^{乾佑} 隱帝.^{仍父年號} 四年 附遼.

후주: 태조,^{광순} 세종,^{현덕} 공제.^{현덕을 그대로 연호로 사용했다} 모두 해서 10년이다. 요에 복속되었다. ☽ 여기까지는 오계이다

後周 太祖^{廣順} 世宗^{顯德} 恭帝.^{仍稱顯德} 共十年 附遼. ☽ 以上五季.

－부(附)－

분수에 넘치게 황제의 호칭을 사용한 12나라 ☽ 기나라, 오나라, 촉나라, 초나라, 민나라, 연나라, 오월, 남한, 남평, 후촉, 남당, 북한.

－附－

僭號十二國. ☽ 岐 吳 蜀 楚 閩 燕 吳越 南漢 南平 後蜀 南唐 北漢.

20. 송나라: 태조,^{건륭, 건덕, 개보} 태종,^{태평, 흥국, 옹희, 단공, 순화, 지도} 진종,^{함평, 경덕, 대중, 상부, 천희, 건흥} 인종^{천성, 명도, 경우, 보원, 강정, 경력, 황우, 지화, 가우} 영종^{치평} 신종,^{희령, 원풍} 철종,^{원우, 소성, 원부} 휘종^{건중, 정국, 숭녕, 대관, 정화, 중화, 선화} 흠종.^{정강. 여기까지가 북송이다} ○ 고종,^{건염, 소흥} 효종^{융흥, 건도, 순희} 광종,^{소희} 영종^{경원, 가태, 개희, 가정} 이종,^{보경, 소정, 단평, 가희, 순우, 보우, 개경, 경정} 도종,^{함순} 공제,^{덕우} 단종,^{경염} 제병.^{상흥. ○ 여기까지는 남송이다} 모두 해서 320년이다. 요, 금, 하, 몽고에 복속되었다.

宋 太祖^{建隆 乾德 開寶} 太宗^{太平 興國 雍熙 端拱 淳化 至道} 眞宗^{咸平 景德 大中 祥符 天禧 乾興} 仁宗^{天聖 明道 景祐 寶元 康定 慶曆 皇祐 至和 嘉祐} 英宗^{治平} 神宗^{熙寧 元豊} 哲宗^{元祐 紹聖 元符} 徽宗^{建中 靖國 崇寧 大觀 政和 重和 宣和} 欽宗.^{靖康. 北} ○ 高宗^{建炎 紹興} 孝宗^{隆興 乾道 淳熙} 光宗^{紹熙} 寧宗^{慶元 嘉泰 開禧 嘉定} 理宗^{寶慶 紹定 端平 嘉熙 淳祐 寶祐 開慶 景定} 度宗^{咸淳} 恭帝^{德祐} 端宗^{景炎} 帝昺.^{祥興. ○ 南宋} 共三百二十年. 附遼 金 夏 蒙古.

－부(附)－

요나라: 태조, 태종, 세종, 목종, 경종, 성종, 흥종, 도종, 천조제. 모두 해서 219년이다.

금나라: 태조, 태종, 민종, 해릉왕, 세종, 장종, 동해후, 선종, 애제. 모두 해서 120년이다.

몽고: 태조, 태종, 정종, 헌종. 헌종의 동생 쿠빌라이(忽必烈)가 나라 이름을 원으로 고쳤다.

－附－

遼 太祖 太宗 世宗 穆宗 景宗 聖宗 興宗 道宗 天祚帝. 共二百十九年.

金 太祖 太宗 閔宗 海陵王 世宗 章宗 東海侯 宣宗 哀帝. 共一百二十年.

蒙古 太祖 太宗 定宗 憲宗. 弟忽必烈 改國號元.

21. 원나라: 세조,^{중통, 지원} 성종,^{원정, 대덕} 무종,^{지대} 인종,^{황경, 연우} 태정제,^{태정,} ^{치화} 명제,^궐 문종,^{천력, 지순} 영종,^{월여} 순제.^{원통, 지원, 지정} 모두 해서 88년이다.

元 世祖^{中統 至元} 成宗^{元貞 大德} 武宗^{至大} 仁宗^{皇慶 延祐} 泰定帝^{泰定 致和} 明帝^闕 文宗^{天曆 至順} 寧宗^{月餘} 順帝.^{元統 至元 至正} 共八十八年.

22. 명나라: 태조,^{홍무} 혜종,^{건문} 성조,^{영락} 인종,^{홍희} 선종,^{선덕} 영종,^{정통} 대종,^{경태} 영종,^{복위, 천순} 헌종,^{성화} 효종,^{홍치} 무종,^{정덕} 세종,^{가정} 목종,^{융경} 신종,^{만력} 광종,^{태창} 희종,^{천계} 의종,^{영정} 난황제,^{홍광} 융무제,^{융무} 영력제.^{영력} 모두 해서 283년이다.

－부(附)－

후금: 태조,^{천명, 천총} 태종.^{숭덕} 청나라 세조를 낳음.

明 太祖^{洪武} 惠宗^{建文} 成祖^{永樂} 仁宗^{洪熙} 宣宗^{宣德} 英宗^{正統} 代宗^{景泰} 英宗^{復位 天順} 憲宗^{成化} 孝宗^{洪治} 武宗^{正德} 世宗^{嘉靖} 穆宗^{隆慶} 神宗^{萬曆} 光宗^{泰昌} 熹宗^{天啓} 毅宗^{榮禎} 叛皇帝^{弘光} 隆武帝^{隆武} 永曆帝.^{永曆} 共二百八十三年.

－附－

後金: 太祖^{天命 天聰} 太宗.^{崇德} 是生淸世祖.

23. 청나라: 세조,^{순치, 18년} **성조,**^{강희, 61년} **세종,**^{옹정, 13년} **봉천승운황제.**^{건룡,} _{60년.} 황제의 자리를 전함 **지금의 황제.**^{가경}

淸 世祖^{順治 十八年} 聖祖^{康熙 六十一年} 世宗^{雍正 十三年} 奉天承運皇帝.^{乾隆 六十} _{年. 傳位} 今皇帝.^{嘉慶}

붙임: 동국(東國)

1. 단군. 1017년.

檀君 一千十七年.

2. 기자. 42대손 기준에 와서 마한이라고 하였다. 모두 해서 1131년이다.

箕子. 至四十二代孫準 稱馬韓. 共一千一百三十一年.

3. 위만. 87년. ○ 여기까지는 조선이다.

衛滿. 八十七年. ○ 以上朝鮮.

4. 신라: 시조, 남해왕, 유리왕, 탈해왕, 파사왕, 지마왕, 일성왕, 아달라왕, 벌휴왕, 내해왕, 조분왕, 첨해왕, 미추왕, 유례왕, 기림왕, 흘해왕, 내물왕, 실성왕, 눌지왕, 자비왕, 소지왕, 지증왕, 법흥왕, 진흥왕, 진지왕, 진평왕, 선덕왕, 진덕왕, 무열왕, 문무왕, 신문왕, 효소왕, 성덕왕, 효성왕, 경덕왕, 혜공왕, 선덕왕, 원성왕, 소성왕, 애장왕, 헌덕왕, 흥덕왕, 희강왕, 신무왕, 문성왕, 헌안왕, 경문왕, 헌강왕, 정강왕, 진성왕, 효공왕, 신덕왕, 경명왕, 경애왕, 경순왕. 모두 해서 992년이다. ○ 살펴보니 박씨가 10세, 석씨가 8세, 김씨가 37세이고, 여자 임금이 세 사람이다.

新羅: 始祖 南解王 儒理王 脫解王 婆娑王 祇摩王 逸聖王 阿達羅王 伐休王 奈解王 助賁王 沾解王 味鄒王 儒禮王 基臨王 訖解王 奈勿王 實聖王 訥祇王 慈悲王 炤智王 智證王 法興王 眞興王 眞智王 眞平王 善德王 眞德王 武烈王 文武王 神文王 孝昭王 聖德王 孝成王 景德王 惠恭王 宣德王 元聖王 昭聖王 哀莊王 憲德王 興德王 僖康王 神武王 文聖王 憲安王 景文王 憲康王 定康王 眞聖王 孝恭王 神德王 景明王

景哀王 敬順王. 共九百九十二年. ○ 按 朴氏十世 昔氏八世 金氏三十七世 女主三人.

5. 고구려: 동명왕, 유리왕, 대무신왕, 민중왕, 모본왕, 태조왕, 차대왕, 신대왕, 고국천왕, 산상왕, 동천왕, 중천왕, 서천왕, 봉상왕, 미천왕, 고국원왕, 소수림왕, 고국양왕, 광개토왕, 장수왕, 문자왕, 안장왕, 안원왕, 양원왕, 평원왕, 영양왕, 영류왕, 보장왕. 모두 해서 705년이다.

高句麗: 東明王 瑠璃王 大武神王 閔中王 慕本王 太祖王 次大王 新大王 故國川王 山上王 東川王 中川王 西川王 烽上王 美川王 故國原王 小獸林王 故國壤王 廣開土王 長壽王 文咨王 安藏王 安原王 陽原王 平原王 嬰陽王 營留王 寶藏王. 共七百五年.

6. 백제: 온조왕, 다루왕, 기루왕, 개루왕, 초고왕, 구수왕, 고이왕, 책계왕, 분서왕, 비류왕, 계왕, 근초고왕, 근구수왕, 침류왕, 진사왕, 아신왕, 전지왕, 구이신왕, 비유왕, 개로왕, 문주왕, 삼근왕, 동성왕, 무녕왕, 성왕, 위덕왕, 혜왕, 법왕, 무왕, 의자왕. 모두 해서 678년이다. ○ 여기까지는 삼국이다.

百濟: 溫祚王 多婁王 己婁王 蓋婁王 肖古王 仇首王 古이王 責稽王 汾西王 比流王 契王 近肖古王 近仇首王 枕流王 辰斯王 阿莘王 腆支王 久爾辛王 毗有王 蓋鹵王 文周王 三斤王 東城王 武寧王 聖王 威德王 惠王 法王 武王 義慈王. 共六百七十八年. ○ 以上三國

7. 고려: 태조, 혜종, 정종, 광종, 경종, 성종, 목종, 현종, 덕종, 정종, 문종, 순종, 선종, 헌종, 숙종, 예종, 인종, 의종, 명종, 수종, 희종, 강종, 고종, 원종, 충렬왕, 충선왕, 충숙왕, 충혜왕, 충목왕, 충정왕, 공민왕, 공양왕. 모두 해서 475년이다. 신우가 왕위를 찬탈한 것이 14년이다.

高麗: 太祖 惠宗 定宗 光宗 景宗 成宗 穆宗 顯宗 德宗 靖宗 文宗 順宗 宣宗 獻宗 肅宗 睿宗 仁宗 毅宗 明宗 神宗 熙宗 康宗 高宗 元

宗 忠烈王 忠宣王 忠肅王 忠惠王 忠穆王 忠定王 恭愍王 恭讓王. 共
四百七十五年. 辛禑僭位十四年.

8. 조선: 태조,^{재위 7년, 상왕으로 재위 10년.} ○ 건원릉 정종,^{재위 2년, 상왕으로 19년 재}
위. ○ 후릉 태종,^{재위 18년, 상왕으로 재위 4년.} ○ 헌릉 세종,^{재위32년.} ○ 영릉 문종,^{재위 2}
년. ○ 현릉 단종,^{재위 2년, 상왕으로 재위 3년.} ○ 장릉 세조,^{재위 14년.} ○ 광릉 덕종,^{추존왕.}
○ 경릉 예종,^{재위 1년.} ○ 창릉 성종,^{재위 25년.} ○ 선릉, 폐위된 왕 연산군 11년 중종,^재
위 39년. ○ 정릉 인종,^{재위 8월.} ○ 효릉 명종,^{재위 22년.} ○ 강릉 선조,^{재위 41년.} ○ 목릉,
○ 폐위된 왕 광해군 14년 원종,^{추존왕,} ○장릉 인조,^{재위 27년.} ○ 장릉 효종,^{재위 10년.}
영릉 현종,^{재위 15년.} ○ 숭릉 숙종,^{재위 46년.} ○ 명릉 경종,^{재위 4년.} ○ 의릉 영종,^{재위}
52년. ○ 원릉 진종,^{추존왕} 영릉 정종,^{재위 24년.} ○ 건릉 만만세를 이어질 금상전하.

朝鮮: 太祖^{在位 七年 在上王位十年.} ○ 健元陵 定宗^{在位 二年 在上王位十九年.} ○ 厚陵
太宗^{在位 十八年 在上王位四年.} ○ 獻陵 世宗^{在位三十二年.} ○ 英陵 文宗^{在位 二年.} ○ 顯陵
端宗^{在位 二年 在上王位三年.} ○ 莊陵 世祖^{在位 十四年.} ○ 光陵 德宗^{追尊.} ○ 敬陵 睿宗
^{在位 一年.} ○ 昌陵 成宗^{在位 二十五年.} ○ 宣陵 廢王 燕山君 十一年 中宗^{在位 三十九年.}
○ 靖陵 仁宗^{在位 八月.} ○ 孝陵 明宗^{在位 二十二年.} ○ 康陵 宣祖^{在位 四十一年.} ○ 穆陵
○ 廢王 光海君 十四年 元宗^{追尊 章陵} 仁祖^{在位 二十七年.} ○ 長陵 孝宗^{在位 十年.} ○ 寧陵
顯宗^{在位 十五年.} ○ 崇陵 肅宗^{在位 四十六年.} ○ 明陵 景宗^{在位 四年.} ○ 懿陵 英宗^{在位}
^{五十二年.} ○ 元陵 眞宗^{追尊} ○ 永陵 正宗.^{在位 二十四年.} ○ 健陵 今 上殿下萬萬歲.

9. 복희 115년, 신농 140년, 황제 100년, 소호 84년, 전욱 78년, 제곡
75년, 요임금 98년, 순임금 61년, 여와 130년, 하왕 불강 59년, 은 태무
75년, 무정 59년, 주 소왕 51년, 목왕 55년, 려왕 평왕 51년, 난왕 제경
공 59년, 한무제 54년, 토곡혼과여 100년, 청강희 61년, 우리나라 수로
왕 158년, 신라 시조 61년, 고구려 태조왕 94년, 장수왕 79년, 백제 이
루왕 52년, 고이왕 53년.^{오랫동안 왕위에 있었던 제왕.}

伏義 百十五年 神農 百四十年 黃帝 百年 少昊 八十四年 顓頊 七
十八年 帝嚳 七十五年 帝堯 九十八年 帝舜 六十一年 女媧 百三十年

夏王 不降 五十九年 殷 太武 七十五年 武丁 五十九年 周 昭王 五十一年 穆王 五十五年 厲王 平王 五十一年 椒王 齊景公 五十九年 漢武帝 五十四年 吐谷渾夸呂 百年 淸康熙 六十一年 東國首露王 百五十八年 新羅 始祖 六十一年 高句麗 太祖王 九十四年 長壽王 七十九年 百濟 已婁王 五十二年 古尒王 五十三年.^{帝王久在位者.}

10. 천황씨, 섭제격에서 단요 원년 갑진년까지가 4만 5천6백 년이다. 갑진년에서 은나라 소신 계미년까지가 1천 년이다. 갑신년에서 주나라 현왕 11년 계해년까지가 1천 년이다. 갑자년에서 당나라 정관 17년 계묘년까지가 1천 년이다. 갑진년에서 숭정 16년 계미년까지가 1천 년이다. 갑신년 순치 개원에서 현재 건륭 60년 을묘년에 제위를 물려주기까지가 152년이다.

自天皇攝提格 至唐堯元年甲辰 四萬五千六百年. 自甲辰 至殷小辛癸未 千年. 自甲申 至周顯王十一年癸亥 千年. 自甲子 至唐貞觀十七年癸卯 千年. 自甲辰 至崇禎十六年癸未 千年. 自甲申順治改元 至今乾隆六十年乙卯傳位 百五十二年.

제4부

부 록

1. 수휘(數彙)

천편(天篇)

1. 일원(一元): 세상이 끝나는 기간을 일원이라고 한다. 일원은 12회로 이루어져 있고 1회는 1만 8백 년이다.

一元: 天地窮盡謂之一元. 一元有十二會, 一會有一萬八百年.

2. 이기(二氣): 음기는 고요함을 주로 하고 여성스러움이며 부드러움이다. 양기는 움직임을 주로 하고 남성스러움이며 굳건함이다. 음기에는 태음, 소음, 궐음이 있고 양기에는 태양, 소양, 양명이 있다.

二氣: 陰主靜 女也 柔也. 陽主動男也 剛也. 陰有 太陰 少陰 厥陰.
陽有 太陽 少陽 陽明.

3. 이의(二儀): 무극이면서 태극이다. 태극은 양의를 낳는다. 양의는 바로 천지이다. 천지는 형체의 측면에서 말한 것이고 건곤은 기능의 측면에서 말한 것이다.

二儀: 無極而太極. 太極生兩儀 兩儀卽天地. 天地以形體言 乾坤以功
用言.

4. 삼재(三才): 하늘은 자에서 열리고 땅은 축에서 닫히며 사람은 인에서 생겨난다. ○ 하나라 정월은 인을 기준점으로 하기 때문에 인통이 된다. 상나라 정월은 축을 기준점으로 하기 때문에 지통이 된다. 주나라 정월 자를 기준으로 하기 때문에 천통이 된다.

三才: 天開於子 地闢於丑 人生於寅. ○ 夏正建寅爲人統 商正建丑

爲地統 周正建子爲天統.

5. 삼광(三光)^{삼진이라고도 한다.}: 해는 황도로 운행한다. 양곡에서 나와 우이, 약수, 함지를 지나 부상에서 떨쳐 일어나 곡아, 증상, 형양을 지나고 중가에 위치했다가 곤오, 조차, 비곡, 여기, 연우, 연곡을 거쳐 우연으로 들어간다.^{해는 구주를 운행하는데 가는 길이 5억 만 7천3백9리이다.} 달은 적도를 운행한다. 반달, 보름달, 그믐달, 초하루달이 있다.^{초하루에는 달빛이 보이지 않고 초2일에} 는 달빛이 거의 보이지 않는다. 초3일에는 달빛이 보이기 시작하고 초 8일에는 상현달이 된다. 16일에 는 달의 어두운 부분이 생기기 시작한다. 17일에는 달의 어두운 부분이 이미 생겼다. 23일에는 하현달 이 된다. 별은 12개의 머무는 자리가 있다. 취자,^{정월} 강루,^{2월} 대양,^{3월} 실심,⁴ ^월 순수,^{5월} 순화,^{6월} 순미,^{7월} 수성,^{8월} 대화,^{9월} 석목,^{10월} 성기,^{11월} 현효.^{12월}

三光^{亦曰三辰}: 行黃道. 出于暘谷歷堣夷 若水 咸池 拂于扶桑歷曲阿 曾桑 衡陽 中于中街 歷昆吾 鳥次 悲谷 女紀 淵隅 連谷 入于虞淵.^{凡日行九州舍有} ^{五億萬七千三百九里} 月行赤道有弦望晦朔.^{朔日死魄 初二日旁死魄 初三日朏哉生明初八日上弦十} ^{六日哉生魄十七日旣生魄二十三日下弦} 星有十二次 娵訾^{正月} 降婁^{二月} 大梁^{三月} 實沈^{四月} 鶉首^{五月} 鶉火^{六月} 鶉尾^{七月} 壽星^{八月} 大火^{九月} 析木^{十月} 星紀^{十一月} 玄枵.^{十二月}

6. 사시(四時): 봄은 청양이 된다.^{상춘은 원월, 단월, 액월이라 하고 중춘은 도월, 령} ^{월이라 한다. 계춘은 침월, 가월, 충월이라고 한다.} 여름은 주명이 된다.^{초여름은 매월, 맥추라} ^{하고 중하는 오월, 포월, 조월, 고월이라고 한다. 계하는 류월, 형월이라고 한다.} 가을은 백장이 된다.^{초가을은 조월, 선월, 동월이라 하고 중추는 교월, 계월, 안월이라고 한다. 늦가을은 국월이라고} ^{한다.} 겨울은 현영이 된다.^{초겨울은 양월, 양월이라고 하고 중동은 지월, 가월, 창월, 복월이라} 고 한다. 늦겨울은 납월, 여월이라고 한다. ○ 설을 쇤 후 1일은 닭이라 하고 2일은 개, 3일은 돼지, 4일은 양, 5일은 소, 6일은 말, 7일은 사람, 8일은 곡 식이라 한다.

四時: 春爲靑陽.^{上春日 元月 端月 陬月 仲春日 桃月 令月. 季春日 寑月 嘉月 盍月} 夏 爲朱明.^{首夏日 梅月 麥秋 仲夏日 午月 蒲月 蜩月 皐月. 季夏日 流月 螢月} 秋爲白藏初.^秋 ^{日 爪月 蟬月 桐月 中秋日 巧月 桂月(68)} 鴈月. 抄秋日菊月 冬爲玄英.^{孟冬日陽月 良月 仲冬日}

至月 葭月 暢月 復月. 季冬日 臘月 餘月 ○ 歲後一日雞 二日狗 三日豕 四日羊
五日牛 六日馬 七日人 八日穀.

7. 사덕(四德): 원이란 생물이 생겨나기 시작하는 것을 말한다.^{봄이 되고 인이 된다.} 형은 생물이 성장해 가는 것을 말한다.^{여름이 되고 예가 된다.} 리는 생물이 열매를 맺는 것을 말한다.^{가을이되고 의가 된다.} 정은 생물이 완성되는 것을 말한다.^{겨울이 되고 지가 된다.}

四德: 元者生物之始.^{爲春爲仁} 亨者生物之通.^{爲夏爲禮} 利者生物之遂.^{爲秋爲義}
貞者生物之成.^{爲冬爲智}

8. 사해신(四海神): 아명,^{동해의 신이다} 축융,^{남해의 신이다} 거승,^{서해의 신이다} 우
강.^{북해의 신이다} ○ 당나라 천보 연간에 사해의 신을 불러 만났다. 동해는
광연왕, 남해는 광리왕, 서해는 광덕왕, 북해는 광택왕이었다.

四海神: 阿明^{東海神} 祝融^{南海神} 巨乘^{西海神} 禺降.^{北海神} ○ 唐天寶詔封四海
神. 東海廣淵王 南海廣利王 西海廣德王 北海廣澤王.

9. 오방제(五方帝): 청제 위령앙,^{동방의 제이다.} 적제 적표노,^{남방의 제이다.} 황
제 함추뉴,^{중앙의 제이다.} 백제 백초거,^{서방의 제이다.} 묵제 십광기^{북방의 제이}다.

五方帝: 靑帝威靈仰^{東方帝} 赤帝赤熛怒^{南方帝} 黃帝含樞紐^{中央帝} 白帝白招
拒^{西方帝} 墨帝什光紀.^{北方帝}

10. 오신(五神): 구망,^{소호의 아들 중이다. 나무를 관장한다.} 축융,^{전욱의 아들 려이다.}
불을 관장한다. 후토,^{려가 비록 불을 관장했지만 후토를 겸했다.} 욕수,^{소호의 아들 해다. 쇠를 관}
장한다. 현명.^{소호의 아들 수이다. 물을 관장한다.}

五神: 句芒^{少皥子重 木官} 祝融^{顓頊子黎 火官} 后土^{黎雖火官寔兼后土} 蓐收^{少皥子該 金}
官 玄冥.^{少皥子脩 水官}

---

68) 저본에는 佳月로 되어 있고 완산중간본에는 桂月로 되어 있으나 음력 8월
   을 의미하므로 桂月이 맞다.

11. 오정(五精): 창룡,^{좌측, 동쪽} 주조, ^{앞, 남쪽} 구진,^{중앙} 백호,^{우측, 서쪽} 현무.^{뒤쪽, 북쪽}

五精: 蒼龍^{左東} 朱鳥^{前南} 句陳^中 白虎^{右西} 玄武.

12. 오위성(五緯星): 세성,^{동방의 별자리다. 12년에 하늘을 1바퀴 돈다.} 형혹,^{남방의 별자리다. 740일에 하늘을 한바퀴 돈다.} 진성,^{중앙의 별자리다. 28년에 하늘을 한 바퀴 돈다.} 태백,^{서방의 별자리다. 365일에 하늘을 한 바퀴 돈다.} 진성,^{북방의 별자리다. 365일에 하늘을 한 바퀴 돈다.}

五緯星: 歲星^{東方星. 十二年一周天} 熒惑^{南方星. 七百四十日一周天} 鎭星^{中央星. 二十八年一周天} 太白^{西方星. 三百六十五日一周天} 辰星.^{北方星. 三百六十五日一周天}

13. 오색(五色): 청,^{동쪽, 나무, 정색} 적,^{남쪽, 불, 정색} 황^{중앙, 토, 정색} 백,^{서, 쇠, 정색} 흑^{북쪽, 물, 정색} 녹,^{목극토, 동방, 간색} 홍,^{화극금, 남방, 간색} 류,^{토극수, 중앙, 간색, 훈이라고도 한다} 벽,^{금극목, 서방, 간색} 자.^{수극화, 북방, 간색}

五色: 靑^東 木 正色 赤^南 火 正色 黃^中 土 正色 白^西 金 正色 黑^北 水 正色 綠^{木克土 東方 間色} 紅^{火克金 南方 間色} 騮^{土克水 中央 間色 亦作纁} 碧^{金克木 西方 間色} 紫.^{水克火 北方 間色}

14. 오음(五音): 각은 귀소리,^{목, 백성} 치는 혀소리,^{화, 일} 궁은 목소리,^{토, 임금} 상은 잇소리,^{금, 신하} 우는 입술 소리이다.^{사물, 물}

五音: 角 耳音^{木 民} 徵 舌音^{火 事} 宮 喉音^{土 君} 商 齒音^{金 臣} 羽 脣音^{水 物}

15. 육기(六氣): 바람, 추위, 더위, 습기, 건조, 불

六氣: 風寒暑濕燥火.

16. 육갑(六甲): 갑자·을축,^{바다 속의 쇠} 병인·정묘,^{화로 속의 불} 무진·기사,^{큰 숲 속의 나무} 경오·신미,^{길가의 흙} 임신·계유,^{칼끝의 쇠} 갑술·을해,^{산봉우리의 불} 병자·정축,^{냇물 하류의 물} 무인·기묘,^{성 위의 흙} 경진·신사,^{백랍의 쇠} 임오·계미,^{버드나무의 나무} 갑신·을유,^{우물 속의 물} 병술·정해,^{집 위의 흙} 무자·기축,^{벽력의 불}

경인·신묘,^{잣나무의 나무} 임진·계사,^{긴 물줄기의 물} 갑오·을미,^{모래 속의 쇠} 병신·정유,^{산 아래의 불} 무술·기해,^{평지의 나무} 경자·신축,^{벽 위의 흙} 임인·계묘,^{칼날의 쇠} 갑진·을사,^{가옥의 등의 불} 병오·정미,^{천하의 물} 무신·기유,^{대역의 흙} 경술·신해,^{차천의 쇠} 임자·계축,^{뽕나무의 나무} 갑인·을묘,^{큰 계곡의 물} 병진·정사,^{모래 속의 흙} 무오·기미,^{천상의 불} 경신·신유,^{석류의 나무} 임술·계해.^{큰 바다의 물이다} ○ 갑, 병, 무, 경, 임 날을 강일이라고 하고 을, 정, 기, 신, 계 날을 유일이라고 한다.

六甲: 甲子·乙丑^{海中金} 丙寅·丁卯^{爐中火} 戊辰·己巳^{大林木} 庚午·辛未^{路傍土} 壬申·癸酉^{劍鋒金} 甲戌·乙亥^{山頭火} 丙子·丁丑^{澗下水} 戊寅·己卯^{城上土} 庚辰·辛巳^{白蠟金} 壬午·癸未^{楊柳木} 甲申·乙酉^{井中水} 丙戌·丁亥^{屋上土} 戊子·己丑^{霹靂火} 庚寅·辛卯^{松柏木} 壬辰·癸巳^{長流水} 甲午·乙未^{沙中金} 丙申·丁酉^{山下火} 戊戌·己亥^{平地木} 庚子·辛丑^{壁上土} 壬寅·癸卯^{劍鋒金} 甲辰·乙巳^{屋燈火} 丙午·丁未^{天河水} 戊申·己酉^{大驛土} 庚戌·辛亥^{釵釧金} 壬子·癸丑^{桑柘木} 甲寅·乙卯^{大溪水} 丙辰·丁巳^{沙中土} 戊午·己未^{天上火} 庚申·辛酉^{石榴木} 壬戌·癸亥.^{大海水} ○ 甲丙戊庚壬日剛日 乙丁己辛癸日柔日.

17. 육율(六律): 황종,^{11월} 대주,^{정월} 고선,^{삼월} 유빈,^{5월} 이칙,^{7월} 무역.^{9월}
六律: 黃鐘^{十一月} 大簇^{正月} 姑洗^{三月} 蕤賓^{五月} 夷則^{七月} 無射^{九月}

18. 육여(六呂): 대려,^{12월} 협종,^{2월} 중여,^{4월} 임종,^{6월} 남려,^{8월} 응종.^{10월}
六呂: 大呂^{十二月} 夾鐘^{二月} 仲呂^{四月} 林鐘^{六月} 南呂^{八月} 應鐘.^{十月}

19. 팔괘(八卦): 건은 양이 셋이다,☰^{서북쪽} 감은 중앙이 양이다,☵^{북쪽, 물} 간은 위가 양이다☶^{동북쪽} 진은 아래가 양이다☳,^{동쪽, 나무} 손은 아래가 음이다☴,^{동남쪽} 리는 중앙이 음이다,☲^{남쪽, 불} 곤은 음이 셋이다,☷^{서남쪽} 태는 위가 음이다☱.^{서쪽, 쇠}
八卦: 乾三連☰^{西北} 坎中連☵^{北 水} 艮上連☶^{東北} 震下連☳^{東 木} 巽下絶☴^{東南} 離虛中☲^{南 火} 坤三絶☷^{西南} 兌上絶☱.^{西 金}

20. 구천(九天): 호천,^{동쪽} 양천,^{동남쪽} 적천,^{남쪽} 주천,^{서남쪽} 성천,^{서쪽} 유천,^{서북쪽} 현천,^{북쪽} 변천,^{동북쪽} 균천.^{중앙} ○ 중천, 의천, 종천, 경천, 수천, 곽천, 함천, 심천, 성천을 말하기도 한다.

九天: 皥天^東 陽天^{東南} 赤天^南 朱天^{西南} 成天^西 幽天^{西北} 玄天^北 變天^{東北} 勻天.^{中央} ○ 一云 中天 義天 從天 更天 晬天 廓天 咸天 沈天 成天.

21. 십간(十幹)^{하늘에 속한다.}: 갑을,^{동쪽, 나무, 청색} 병정,^{남쪽, 불, 적색} 무기,^{중앙, 흙, 황색} 경신,^{서쪽, 쇠, 흰색} 임계.^{북쪽, 물, 흑색} ○ 갑은 알봉이라고 한다. 을은 전몽, 단몽이라고 한다. 병은 유조, 유조라고 한다. 정은 강어, 강오라고 한다. 무는 저옹, 사유라고 한다. 기는 도유, 축리라고 한다. 경은 상장, 상횡이라고 한다. 신은 중광, 소양이라고 한다. 임은 현익, 횡애라고 한다. 계는 소양, 상장이라고 한다.

十幹^{屬天}: 甲乙^{東 木 靑} 丙丁^{南 火 赤} 戊己^{中 土 黃} 庚辛^{西 金 白} 壬癸.^{北 水 黑} ○ 甲曰閼逢. 乙曰旃蒙 端蒙. 丙曰柔兆 游兆. 丁曰强圉 强梧. 戊曰著雍 徒維. 己曰屠維 祝犁. 庚曰上章 商橫. 辛曰重光 昭陽. 壬曰玄黓 橫艾. 癸曰昭陽 商章.

22. 십이지(十二支)^{땅에 속한다.}: 자,^{쥐, 북쪽} 축,^소 인,^{호랑이} 묘,^{토끼, 동쪽} 진,^용 사,^뱀 오,^{말, 남쪽} 미,^양 신,^{원숭이} 유,^{닭, 서쪽} 술,^개 해.^{돼지} ○ 자는 곤돈이라 한다. 축은 적분약이라고 한다. 인은 섭제격이라고 한다. 묘는 단알, 단안이라고 한다. 진은 집서라고 한다. 사는 대황락이라고 한다. 오는 돈장 대율이라고 한다. 미는 협흡이라고 한다. 신은 군탄이라고 한다. 유는 작악이라고 한다. 술은 엄무라고 한다. 해는 대연헌이라고 한다.^{인, 갑, 사, 해는 초일이다. 자, 오, 묘, 유는 중일로 식년이다. 진, 술, 축, 미는 종일이다.}

十二支^{屬地}: 子^鼠 北 丑^牛 寅^虎 卯^兎 東 辰^龍 巳^蛇 午^馬 南 未^羊 申^猴 酉^鷄 西 戌^狗 亥.^猪 ○ 子曰困頓. 丑曰赤奮若. 寅曰攝提格. 卯曰單閼 亶安. 辰曰執徐. 巳曰大荒落. 午曰敦牂大律. 未曰協洽. 申曰涒灘. 酉曰作噩. 戌曰閹茂. 亥曰大淵獻. 寅甲巳亥初日. 子午卯酉中日式年. 辰戌丑未終日.

23. 이십사절기(二十四氣): 입춘.^{정월의} 절기이다. 우수,^중 경칩.^{2월의} 절기이다. 춘분,^중 청명.^{삼월의} 절기이다. 곡우,^중 입하.^{사월의} 절기이다. 소만,^중 망종.^{오월의} 절기이다. 하지,^중 소서.^{6월의} 절기이다. 대서,^중 입추.^{7월의} 절기이다. 처서,^중 백로.^{8월의} 절기이다. 추분,^중 한로.^{9월의} 절기이다. 상강,^중 입동.^{10월의} 절기이다. 소설,^중 대설.^{11월의} 절기이다. 동지,^중 소한.^{12월의} 절기이다. 대한.^중 ○살펴보니 5일이 후가 되고 3후가 기가 되며 6기가 시가 되며 4시가 세가 된다.

二十四氣: 立春^{正月節} 雨水^中 驚蟄^{二月節,} 春分^中 淸明^{三月節} 穀雨^中 立夏^{四月節} 小滿^中 亡種^{五月節} 夏至^中 小暑^{六月節} 大暑^中 立秋^{七月節} 處暑^中 白露^{八月節} 秋分^中 寒露^{九月節} 霜降^中 立冬^{十月節} 小雪^中 大雪^{十一月節} 冬至^中 小寒^{十二月節} 大寒.^中 ○ 按 五日爲候 三候爲氣 六氣爲時 四時爲歲.

24. 이십팔수(二十八宿): 각·항·저·방·심·미·기,^{동유} 두·우·여·허·위·실·벽,^{북유} 규·누·위·묘·필·자·삼,^{서유} 정·귀·유·성·장·익·진.^{남유}

二十八宿: 角·亢·氐·房·心·尾·箕^{東維} 斗·牛·女·虛·危·室·壁^{北維} 奎·婁·胃·昴·畢·觜·參^{西維} 井·鬼·柳·星·張·翼·軫^{南維}

25. 육십사괘(六十四卦): 건, 곤, 준, 몽, 수, 송, 사, 비, 소축, 리, 태, 부, 동인, 대유, 겸, 예, 수, 고, 임, 관, 서합, 분, 박, 복, 무망, 대축, 이, 대과, 감, 리, 함, 항, 둔, 대장, 진, 명이, 가인, 규, 건, 해, 손, 익, 쾌, 후, 췌, 승, 곤, 정, 혁, 정, 진, 간, 점, 귀매, 풍, 려, 손, 태, 환, 절, 중부, 소과, 기제, 미제.

六十四卦: 乾 坤 屯 蒙 需 訟 師 比 小畜 履 泰 否 同人 大有 謙 豫 隨 蠱 臨 觀 噬嗑 賁 剝 復 无妄 大畜 頤 大過 坎 离 咸 恒 遯 大壯 晉 明夷 家人 暌 蹇 解 損 益 夬 姤 萃 升 困 井 革 鼎 震 艮 漸 歸妹 豐 旅 巽 兌 渙 節 中孚 小過 旣濟 未濟.

26. 삼백육십오도(三百六十五度): 하늘을 한 바퀴 도는 도수이다. 천일은 수를 낳고, 지이는 화를 낳고, 천삼은 목을 낳고, 지사는 금을 낳

고, 천오는 토를 낳는다. 지육은 수를 이루고, 천칠은 화를 이루고, 지팔은 목을 이루고, 천구는 금을 이루고, 지십은 토를 이룬다.[1, 3, 5, 7, 9]
는 기수이고 양이며 2, 4, 6, 8, 10은 우수이며 음이다.

三百六十五度卽周天之數. 天一生水 地二生火 天三生木 地四生金 天五生土 地六成水 天七成火 地八成木 天九成金 地十成土.[一 三 五 七]
九 爲奇數 陽也. 二 四 六 八 十 爲偶數 陰也.

지편(地篇)

1. 삼신산(三神山): 영주, 봉래, 방장을 말한다. 옛 전설에 영주는 한라산이고 봉래는 금강산이며 방장은 지리산으로 모두가 우리나라에 있다고 말하고 있다. ○ 발해 가운데 대여, 원교, 방호, 영주, 봉래의 다섯 산이 있는데 파도에 따라 아래위로 움직였고 상제는 큰 자라를 보내 십오 분 동안 이고 있도록 하여 산은 비로소 움직이지 않았다고 한다.

三神山曰瀛洲 曰蓬萊 曰方丈. 舊傳瀛洲卽漢挐山 蓬萊卽金剛山 方丈卽智異山 皆在東國云. ○ 一云 勃海中有五山曰 岱興 員嶠 方壺 瀛洲 蓬萊 隨波 上下上帝使且鼇十五分戴之 山始不動.

2. 사계(四界): 천계, 지계, 수계, 양계이다. ○ 불서를 살펴보니 사대부주가 있었다. 동의 승신주, 남의 섬부주, 서의 우하주, 북의 구로주이다.

四界: 天界 地界 水界 陽界. ○ 按佛書四大部洲曰 東勝神洲 南贍部洲 西牛賀洲 北俱蘆洲.

3. 사해(四海): 동해는 창명이라 하고 남해는 남명이라 하며 서해는 서양이라 하고 북해는 북명이라 한다. ○ 회수, 제수, 장강, 황하를 사독이라고 한다. 모두 단독으로 발원하여 바다로 흘러 들어간다. 그래서

독이라는 부른 것이다.

四海: 東海曰滄溟 南海曰南溟 西海曰西洋 北海曰北溟. ○ 淮 濟 江 河曰四瀆. 皆獨發源注海 故稱瀆.

4. 사이(四夷): 동이,^{왜놈} 서융,^{회회족} 남만,^{사설인} 북적.^{단달} ○ 당우는 이상을 산융 또는 훈죽,^{薰鬻과 같다} 하나라 때는 순유, 은나라 때는 귀방, 주나라 때는 엄윤, 진나라와 한나라 때는 흉노, 당나라 때는 돌궐이라고 했다.^{구이는 아홉 종류의 동이를 말한다. 견, 우, 방, 황, 백, 적, 현, 풍, 양이다.}

四夷: 東夷^{倭子} 西戎^{回回} 南蠻^{奢舌人} 北狄.^{韃達} ○ 唐虞 以上曰山戎 亦曰葷鬻^{69)鬻同}夏曰淳維 殷曰鬼方 周曰獫狁 秦漢曰匈奴 唐曰突厥.^{九夷東夷}
^{九種曰 畎 于 方 黃 白 赤 玄 風 陽.}

5. 오행(五行): 목, 나무의 성질은 굽고 곧음이다.^봄 화, 불의 성질은 불타고 올라감이다.^{여름} 토, 흙의 성질은 곡식을 기른다.^{4계절} 금, 쇠의 성질은 그대로 다르고 또 변함이다.^{가을} 수, 물의 성질은 윤택하고 아래로 내려감이다.^{겨울} 차례대로는 상생이고 하나를 뛰어넘어서는 상극이다. ○ 살펴보니 목, 나무는 입춘부터이고 화, 불은 입하부터이며 금, 쇠는 입추부터이고 수, 물은 입동부터이다. 각기 왕성한 것이 72일씩이다. 토, 흙은 사계절 모두 각 18일씩 왕성하다.

五行: 木 曲直.^春 火 炎上.^夏 土 稼穡^{四季} 金 從革.^秋 水 潤下.^冬 循次則相生 隔一則相克. ○ 按 木自立春 火自立夏 金自立秋 水自立冬. 各旺七十二日. 土寄旺四季各十八日.

6. 오방(五方): 동방은 목, 나무이고 남방은 화, 불이고 중앙은 토, 흙이며 서방은 금, 쇠이며 북방은 수, 물이다.

五方: 東方木 南方火 中央土 西方金 北方水.

---

69) 국회본은 薰으로 되어 있음.

7. 오악(五岳): 동쪽은 태산이다. 서쪽은 화산이다. 남쪽은 형산이다. 북쪽은 항산이다. 중앙은 숭산이다.

五岳: 東泰山 西華山 南衡山 北恒山 中嵩山.

8. 오충(五蟲): 비늘 있는 동물은 용이 우두머리이다. 깃털 있는 동물은 봉황이 우두머리이다. 벌거벗은 동물은 사람이 우두머리이다. 털 있는 동물은 기린이 우두머리이다. 껍질이 있는 동물은 거북이 우두머리이다. ○ 기린, 봉황, 거북, 용은 네 가지 신령스러운 동물이다.

五蟲: 鱗蟲 龍爲長. 羽蟲 鳳爲長. 倮蟲 人爲長. 毛蟲 麟爲長. 甲蟲 龜爲長. ○ 麟鳳龜龍 是謂四靈.

9. 오곡(五穀): 보리,^{마라고도 한다. 오곡 중 우두머리이다.} 메기장,^{보리라고도 한다. 색은 적색이다.} 차기,^{장색은 황색이고 맛은 달다.} 벼,^{알곡이 단단하고 희다.} 콩.^{두라고도 한다. 색은 흑색이다.} ○ 곡식이 여물지 않는 것을 겸(歉)이라고 한다. 두 가지 곡식이 여물지 않는 것을 기(饑)라 한다. 세 가지 곡식이 여물지 않는 것을 근(饉)이라 한다. 네 가지 곡식이 여물지 않는 것을 강(康)이라 한다. 다섯 가지 곡식이 여물지 않는 것을 대침(大侵)이라 한다.

五穀: 麥^{一作麰五穀長} 黍^{一作麥色赤} 稷^{色黃味甘} 稻^{堅白} 菽.^{亦曰豆色黑} ○ 一穀不升 曰歉 二曰饑 三曰饉 四曰康 五曰大侵.

10. 오취(五臭): 누린내,^{전(羶)이라고도 한다. 목에 속한다} 단내,^{화에 속한다} 고소한 냄새,^{토에 속한다} 비린내,^{금에 속한다} 구린내.^{수에 속한다}

五臭: 臊^{亦曰羶누린ㄴㅣ 屬木} 焦^{단ㄴㅣ 屬火} 香^{고손ㄴㅣ 屬土} 腥^{비린ㄴㅣ 屬金} 腐^{구린ㄴㅣ 屬水}

11. 오미(五味): 신맛,^{목에 속한다} 쓴맛,^{화에 속한다} 단맛,^{토에 속한다} 매운맛,^{금에 속한다} 짠맛.^{수에 속한다}

五味: 酸^{屬木} 苦^{쓴믓 屬火} 甘^{屬土} 辛^{믹온믓 屬金} 鹹.^{屬水}

12. 육축(六畜): 소, 말, 양, 닭, 개, 돼지 ○ 살펴보니 만주어에 독은 꽃피지 않는 것을 말한다.

六畜: 牛馬羊雞犬豕. ○ 按胡語謂犢曰不花.

13. 칠보(七寶): 차거, 문호, 호박, 마노, 화제 양옥, 진주이다.

七寶: 車璖 璊瑚 琥珀 瑪瑙 火齊 良玉 眞珠.

14. 팔준마(八駿馬): 절지, 번우, 분소, 초경, 유휘, 초광, 등무, 괘익. ○ 화류, 녹이, 적기, 백토, 효거, 황유, 도려, 산자라고도 한다. 어느 것이 맞는지 알 수 없다.

八駿馬曰絶地 曰翻羽 曰奔霄 曰超景 曰踰輝 曰超光 曰騰霧 曰掛翼. ○ 一云 驊騮 騄駬 赤驥 白兎 驍渠 黃騟 盜驪 山子. 未知孰是.

15. 팔진(八珍): 예에서 말하기는 순오, 순모, 포돈, 도진, 지, 오, 삼, 간요, 포이다. 모두 음식을 만드는 방법이다. 후세에는 말하기는 용간, 봉수, 토태, 이미, 악적, 성순, 웅장, 화락선^{화락선은 양지와 비슷하다}이다.

八珍: 禮所謂一淳熬 二淳母 三炮豚 擣珍 四漬 五熬 六糝 七肝膋 八炮. 皆製飲食之法. 後世所稱龍肝 鳳髓 兎胎 鯉尾 鶚炙 猩脣 熊掌 禾酪蟬.^{禾酪蟬似羊脂}

16. 팔음(八音): 토는 훈이다. 죽은 관이다. 혁은 고다. 포는 생이다. 사는 현이다. 석은 경이다. 목은 축어이다. 금은 종용이다.

八音: 土曰塤 竹曰管 革曰鼓 匏曰笙 絲曰絃 石曰磬 木曰祝敔 金曰鍾鏞.

17. 구주(九州): 기주, 연주, 청주, 서주, 양주, 형주, 예주, 양주, 옹주이다.^{유주, 병주, 영주로 다시 나누어 12주라고 한다. 뒤에 다시 양주, 익주가 나뉜다.}

九州: 冀 兗 青 徐 揚 荊 豫 梁 雍.^{分爲幽, 并, 營曰十二州. 後又分爲涼益}

18. 십삼성(十三省): 북직례.^{순천부이다} 남직례.^{응천부, 강남성이다} ○ 산서성, 산동성, 하남성, 섬서성, 절강성, 강서성, 호광성, 사천성, 복건성, 광동성, 광서성, 운남성, 귀주성이다. ○ 삼보는 빙익, 부풍, 경조이다.

十三省: 北直隷^{順天府} 南直隷.^{應天府, 江南省} ○ 山西省 山東省 河南省 陝西省 浙江省 江西省 胡廣省 泗川省 福建省 廣東省 廣西省 雲南省 貴州省. ○ 三輔曰 馮翊 扶風 京兆.

인편(人篇)

1. 삼생(三生): 불경에서 말하는 과거, 미래, 현재이다. ○ 성문승, 연각승, 보살승이 바로 삼승이다.

三生: 佛經所謂過去 未來 現在也. ○ 聲聞乘 緣覺乘 菩薩乘 是曰三乘.

2. 삼교(三敎): 유교, 도교, 불교이다. 사람들은 삼교가 주나라 시기에 동시에 출현하였다고 한다.

三敎: 曰儒 曰道 曰釋. 人謂三敎並出于周時云.

3. 삼강(三綱): 군위신강, 부위자강, 부위처강 ○ 백성은 다음 세 가지를 한결같이 하며 살아간다. 부모님의 낳아 주신 공적은 무엇보다 크다. 임금의 먹여 주는 후덕함은 무엇보다 크다. 스승의 가르침을 내리는 은혜는 무엇보다 크다.

三綱: 君爲臣綱 父爲子綱 夫爲妻綱. ○ 民生於三事之如一. 父生之績莫大焉. 君食之厚莫大焉. 師敎之恩莫大焉.

4. 삼족(三族): 부당, 외당, 처당이다.

三族: 父黨 外黨 妻黨.

5. 삼종(三從): 집에서는 부모의 뜻을 따른다. 시집가서는 지아비의 뜻을 따른다. 남편이 죽은 후에는 아들의 뜻을 따른다.

三從: 在家從父 適人從夫 夫死從子.

6. 삼공(三公): 주나라는 태사, 태부, 태보이다. 한나라는 승상, 태위, 어사대부이다. 당나라는 태위, 사도, 사공이다.

三公: 周以太師 太傅 太保. 漢以丞相 太尉 御史大夫. 唐以太尉 司徒 司空.

7. 삼달존(三達尊): 작위, 나이, 덕 이 세 가지는 세상 어디에서나 존경받는 기준이 된다. △ 사람에게는 세 가지 상스럽지 못한 것이 있다. 어리면서도 어른 모시기를 달가워하지 않는 것, 신분이 낮으면서도 신분이 높은 사람 섬기기를 달가워하지 않는 것, 못났으면서도 현명한 사람 섬기기를 달가워하지 않는 것이다.

三達尊: 爵一 齒一 德一. 三者 天下之所共尊也. △ 人有三不祥 幼而不肯事長 賤而不肯事貴 不肖而不肯事賢也.

8. 삼락(三樂): 부모가 두 분 다 생존해 계시고 형제들이 큰 탈이 없는 것이 첫 번째 즐거움이다. 하늘을 우러러 부끄럽지 않고 내려 보아 사람들에게 부끄럽지 않은 것이 두 번째 즐거움이다. 세상의 뛰어난 인재를 얻어 가르치는 것이 세 번째 즐거움이다. ○ 영계기가 말하였다. "하늘이 만물을 생성했지만 사람이 가장 귀하다. 내가 사람이 되었으니 첫 번째 즐거움이요, 남자는 여자에 비해 존귀하다. 내가 남자가 되었으니 두 번째 즐거움이요, 사람이 태어나 갓난아이 때 죽을 수도 있으나 나는 95살의 나이가 되었으니 세 번째 즐거움이다."

三樂: 父母俱存兄弟無故一樂. 仰不愧天俯不怍人二樂. 得天下英才教育之三樂. ○ 榮啓期曰 天生萬物人爲貴. 吾得爲人一樂. 男尊女卑[70]吾爲男二樂. 人生不免襁褓吾年九十五三樂.

9. 삼인(三仁): 미자^{주임금의 서형이다}는 떠났다. 기자는 노예가 되었다. 비간^{기자와 비간은 주임금의 제부이다}은 간언하다 죽음을 당했다. 공자는 이 세 사람을 일컬어 은나라에 세 사람의 인인이 있다고 했다.

三仁: 微子去之^{紂庶兄.} 箕子爲之奴. 比干諫而死^{紂諸父}. 子曰殷有三仁.

10. 삼양(三良): 진나라 대부 자고엄식, 자고중행, 자고침호는 목공을 따라 순장된 사람들이다. 나라 사람들이 그들을 칭송해 「황조」를 지었다.

三良: 秦大夫子車奄息 子車仲行 子車鍼虎 殉葬穆公者. 國人爲賦黃鳥.

11. 삼걸(三傑): 한나라 고조가 말했다. "장막 안에서 계책을 내어 천리 밖의 승부를 결정짓는 일는 장자방(장량)만 한 사람이 없고 국가를 진무하고 백성을 어루만지는 일은 소하만 한 사람이 없고 싸우면 반드시 이기고 공격하면 반드시 성공하는 일은 한신만 한 사람이 없으니 모두 인걸이다"

三傑: 漢高謂 運籌帷幄決勝千里不如子房 鎭國家撫百姓不如蕭何 戰必勝攻必取不如韓信. 皆人傑.

12. 사군(四君): 사호(四豪)라고도 한다. 신릉군 위무기이다. 위나라 안리왕의 배다른 동생이다. 평원군 조승이다. 조나라 혜문왕의 동생이다. 맹상군 전문이다. 제나라 설공영^{선왕의} 서자의 아들이다. 춘신군 황헐이다. 초나라 재상이다. 이들은 모두 인재를 좋아하여 식객이 수천 명이었다.

四君: 或稱四豪. 信陵君魏無忌. 魏安釐異母弟. 平原君趙勝. 趙惠文

---

70) 완산중간본에는 兒로 되어 있으나, 卑가 맞다.

王弟. 孟嘗君 田文. 齊薛公嬰^{宣王庶弟}子. 春申君 黃歇. 楚相. 皆好士 食客數千人.

13. 사호(四皓): 동원공 당병은 자가 선명이다. 각이선생 주술은 자가 원도이다. 기리계 주휘는 자가 문계이다. 하황공 최광은 자가 소통이다. 이들은 진나라 때 상산에 은거했다.

　　四皓: 東園公唐秉 字宣明. 角里先生周術 字元道. 綺里季朱暉 字文季. 夏黃公崔廣 字少通. 秦時隱商山.

14. 사민(四民): 사족, 농민, 수공업자, 상인이다.

　　四民: 曰士 曰農 曰工 曰賈.

15. 사중(四衆): 사부라고도 한다. 사람, 천, 신, 귀로 불교에서 쓰는 말이다. ○ 한편에서는 비구, 비구니, 선남자, 선여자라고도 한다.

　　四衆: 亦曰四部人天神鬼佛家語也. ○ 一云僧尼善男子善女人.

16. 사우(四友): 종이는 운손 저선생이라고 한다. 붓은 모영 관성자, 모추자라고 한다. 먹은 진현 현규라고 한다. 벼루는 도홍 곧 묵후, 석허중이라고 한다. 사람들은 문방사우라고 한다.

　　四友: 紙曰雲孫楮先生. 筆曰毛穎管城子 毛錐子. 墨曰陳玄 玄圭. 硯曰陶泓卽墨侯 石虛中. 人稱文房四友.

17. 사부서(四部書): 경은 도리를 싣고 있는 서적이다. 사는 역사적 사실을 기록하고 있는 글이다. 자는 제자들의 사상을 기술하고 있다. 집은 여러 현인들의 저술이다. ○ 당나라의 사고에는 갑부, 을부, 병부, 정부가 있었다.

　　四部書: 曰經戴道之籍也. 曰史紀事之文也. 曰子諸子所述也. 曰集群賢所著也. ○ 唐四庫有甲 乙 丙 丁部.

18. 사단(四端): 측은지심은 인의 단이다. 사양지심은 예의 단이다. 수오지심은 의의 단이다. 시비지심은 지의 단이다.

四端: 惻隱之心 仁之端. 辭讓之心 禮之端. 羞惡之心 義之端. 是非之心 智之端.

19. 사궁(四窮): 늙어서 부인이 없는 것을 환이라고 한다. 늙어서 지아비가 없는 것을 과라고 한다. 어린데 부모가 없는 것을 고라고 한다. 늙어서 자식이 없는 것을 독이라고 한다.

四窮: 老而無妻曰鰥. 老而無夫曰寡. 幼而無父曰孤. 老而無子曰獨.

20. 사례(四禮): 관례, 혼례, 상례, 제례이다.

四禮: 冠禮 婚禮 喪禮 祭禮.

21. 사유(四維): 예, 의, 염, 치를 사유라고 한다.

四維: 禮義廉恥 是謂四維.

22. 오상(五常): 인은 심의 덕이고 애의 이이다. 예는 천리의 절문이자 인사의 의칙이다. 신은 심의 성이며 실의 이이다. 의는 심의 제이며 사의 의이다. 지는 천리를 담고 있는 동정의 틀이고 인사의 시비를 담고 있는 거울이다.

五常: 仁心之德 愛之理. 禮天理之節文 人事之儀則. 信心之誠實之理. 義心之制 事之宜. 智涵天理動靜之機 具人事 是非之鑑.

23. 오륜(五倫): 부자 사이의 도리, 군신 사이의 도리, 부부 사이의 도리, 장유 사이의 도리, 붕우 사이의 도리. 오품은 이 부자, 군신, 부부, 장유, 붕우의 다섯 가지 명위의 등급이다 ○ 오교: 부자 사이에는 사랑이 있어야 한다. 군신 사이에는 의가 있어야 한다. 부부 사이에는 구별이 있어야 한다. 장유 사이에는 순서가 있어야 한다. 붕우 사이에는 믿음이 있어야 한다.

이런 당연한 이치가 지상명령이 되는 것이다. 오전이라고도 한다.

五倫: 父子也 君臣也 夫婦也 長幼也 朋友也.^{五品謂此名位等級} ○ 五教卽
父子有親 君臣有義 夫婦有別 長幼有序 朋友有信 言以此當然之理爲
教令也. 又曰五典.

24. 오복(五服): 참최,^{3년} 자최,^{3년, 장기, 부장기, 5개월, 3개월} 대공,^{9개월} 소공,^{5개월}
시마.^{3개월} ○ 땅에도 오복이 제정되어 있다. 순복, 후복, 채복, 요복, 황
복이다. 천자의 나라로부터 500리씩 멀어진다.

五服: 斬衰^{三年} 齊衰.^{三年, 杖期 不杖期, 五月, 三月} 大功^{九月} 小功^{五月} 緦麻.^{三月}
○ 地制五服曰 甸服 侯服 綏服 要服 荒服. 自天子國內次加五百里者也.

25. 오형(五刑): 묵형은 얼굴에 문신을 새기는 것이다. 의형은 코를
베는 것이다. 월형은 발꿈치를 자르는 것이다. 궁형은 생식기를 제거하
는 것이다. 대벽은 죽이는 것이다.

五刑: 墨者 刺面. 劓者 割鼻. 刖者 刖足. 宮者 去勢. 大辟 死刑.

26. 오복(五福): 오래 사는 것, 부유한 것, 건강한 것, 도덕을 지켜
덕을 쌓는 것, 명대로 살다가 편안히 죽는 것이다. ○ 육극은 첫째가
흉한 일로 단명하는 것, 둘째가 질병에 걸리는 것, 셋째가 근심거리가
있는 것, 넷째가 가난한 것, 다섯째가 악한 일을 하는 것, 여섯째가 몸
이 약한 것이다.

五福: 一壽 二富 三康寧 四攸好德 五考終命. ○ 六極 一凶短折 二
疾 三憂 四貧 五惡 六弱.

27. 오사(五祀): 초봄에는 출입문에 제사를 지낸다. 초여름에는 아궁
이에 제사를 지낸다. 한 해의 정 가운데 날에는 처마에 제사를 지낸다.
초가을에는 대문에 제사를 지낸다. 초겨울에는 길에 제사를 지낸다.

五祀: 孟春之月其祀戶. 孟夏祀竈. 中央祀中霤. 孟秋祀門. 孟冬祀行.

28. 오문(五門): 천자의 궁궐에는 다섯 문이 있다. 고문, 고문, 치문,
응문, 노문이다.

五門: 天子五門曰 皐門 庫門 雉門 應門 路門也.

29. 오관(五官): 눈,^{간의 구멍으로 보는 일을 한다} 혀,^{심장의 구멍으로 맛보는 일을 한다}
입,^{비장의 구멍으로 먹는 일을 한다.} 코,^{허파의 구멍으로 냄새 맡는 일을 한다} 귀.^{콩팥의 구멍으로}
^{듣는 일을 한다} ○ 불교 책에 보면 눈, 귀, 코, 혀, 몸, 의식을 6근이라고
한다. 또는 6진이라고도 쓴다.

五官: 目^{肝之竅 司見} 舌^{心之竅 司味} 口^{脾之竅 司食} 鼻^{肺之竅 司聞} 耳.^{腎之竅 司聽} ○
佛書云 眼耳鼻舌身意爲六根 一作六塵.

30. 오작(五爵): 공,^{환규} 후,^{신규} 백,^{궁규} 자,^{곡벽} 남^{포벽}이다.

五爵: 公^{桓圭} 侯^{信圭} 伯^{躬圭} 子^{穀71)璧} 男^{蒲璧}

31. 오패(五覇): 제환공. 성은 강이고 이름은 소백이다. 진문공. 성은
희고 이름은 중이이다. 송양공. 성은 자고 이름은 자보이다. 진목공. 성
은 영이고 이름은 임호다. 초장왕. 성은 혁이고 이름은 여이다.

五覇: 齊桓公 姓姜 名小白. 晉文公 姓姬 名重耳. 宋襄公 姓子 名玆
父. 秦穆公 姓嬴 名任好. 楚莊72)王 姓革 名旅.

32. 오후(五侯): 왕담, 왕상, 왕립, 왕근, 왕봉시이다. 모두 한나라 성
제의 외삼촌이다. ○ 누호는 오후의 집을 돌며 음식을 받았다. 누호는 이
를 모두 모아 탕을 만들었다. 세상 사람들은 이를 오후청이라고 불렀다.

五侯: 王譚 王商 王立 王根 王逢時. 皆漢成帝諸舅. ○ 婁護遊五侯
門 每饋餉之. 婁合爲鯖 世稱五侯鯖.

---

71) 저본에는 穀으로 되어 있음.
72) 저본에는 壯으로 되어 있음.

33. 오한(五恨): 해당화에 향기가 없는 것, 금율이 너무 신맛이 나는 것, 순채가 성질이 찬 것, 준치에 가시가 많은 것, 증공이 시를 남기지 않은 것이다.

五恨: 海棠無香 金橘太酸 蓴菜性冷 鰣魚多骨 曾鞏無詩.

34. 오장(五臟): 간, 방위로는 동쪽, 계절로는 봄, 오행으로는 목에 해당된다. 피를 저장하는 역할을 한다. 왼쪽으로 세 장, 오른쪽으로 네 장이다. 심장, 방위로는 남쪽, 계절로는 여름, 오행으로는 화에 해당된다. 정신을 저장한다. 구멍이 7개, 털이 3개 있다. 비장, 방위로는 중앙, 오행으로는 토에 해당된다. 혼을 저장하고 오곡을 받아들이며 오장을 굳세게 한다. 폐, 방위로는 서쪽, 계절로는 가을, 오행으로는 금에 해당된다. 백을 저장하는 일을 한다. 6장이고 귀가 두 개 있어 오장을 덮고 있다. 콩팥. 방위로는 북쪽, 계절로는 겨울, 오행으로는 수에 해당된다. 의를 담고 있다. 두 줄기가 있어 왼쪽은 콩팥이 되고 오른쪽은 명문이 된다. ○ 몽고에서는 콩팥을 복아라고 한다.

五臟: 肝, 간 屬東 春 木 主藏血. 左三葉右四葉 心, 념통 屬南 夏 火 主藏神. 七竅三毛 脾, 말하 屬中 土 主藏魂. 受五穀取五藏 肺, 부화 屬西 秋 金 主藏魄.. 六葉兩耳爲五藏華盖 腎. 콩팥 屬北 冬 水 主藏志. 有兩枚左爲腎右爲命門 ○ 蒙古謂腎曰卜兒.

35. 육부(六腑): 담, 소장, 위, 대장, 방광, 삼초이다.

六腑: 膽 小腸 胃 大腸 膀胱 三焦.

36. 육친(六親): 아버지, 어머니, 형, 동생, 부인, 자녀이다.

六親: 父母兄弟妻子.

37. 육덕(六德): 지, 인, 성, 의, 충, 화이다.

六德: 知仁聖義忠和.

38. 육행(六行): 효, 형제간의 우애, 친족 간의 화목, 외족과의 친목, 친구와의 믿음, 어려운 사람에 대한 도움이다. ○ 향리에는 팔형이 있다. 효도하지 않음, 화목하지 못함, 외족과 친목하지 못함, 형제와 우애

하지 못함. 친구와 믿음으로 사귀지 못함, 어려운 사람을 돕지 않음, 없는 말을 지어냄, 백성들을 문란하게 함이다.

六行: 孝友睦婣任恤. ○ 有鄕八刑. 不孝 不睦 不婣 不弟 不任 不恤 造言 亂民也.

39. 육예(六藝): 예에는 다섯 가지가 있다. 길례, 흉례, 군례, 빈례, 가례이다. 음악에는 여섯 가지가 있다. 운문,황제의 음악 함지,요임금의 음악 대소, 순임금의 음악 대하,우임금의 음악 대호탕,임금의 음악 대무.무왕의 음악 ○ 육대악이라고 한다 활쏘기에는 다섯 가지가 있다. 백시, 삼연, 섬주, 양척, 정의이다. 말 몰기에는 다섯이 있다. 명화란, 축수곡, 과군표, 무교구, 축금좌이다. 서법에는 여섯이 있다. 상형, 회의, 전주, 처사, 가차, 해성이다. 산법에는 아홉가지가 있다. 방전, 천포, 쇠분, 소광, 상공, 균수, 영뉵, 방정, 구고이다.

六藝: 禮五 吉 凶 軍 賓 嘉. 樂六 雲門黃帝樂 咸池堯樂 大韶舜樂 大夏禹樂 大濩湯樂 大武.武王樂 ○ 是謂六代樂 射五 白矢 參連 剡注 襄尺 井儀. 御五 鳴和鸞 逐水曲 過君表 舞交衢 逐禽左. 書六 象形 會意 轉注 處事 假借 諧聲. 산九 方田 泉布 衰分 小廣 商功 均輸 盈胒 方程 句股.

40. 육관(六官): 대총재, 대사도, 대종백, 대사마, 대사구, 대사공이다. ○ 주례의 육관은 천관, 지관, 춘관, 하관, 추관, 동관이다.

六官: 大冢宰 大司徒 大宗伯 大司馬 大司寇 大司空. ○ 周禮六官 曰 天官 地官 春官 夏官 秋官 冬官.

41. 육조(六朝): 오나라, 동진, 송나라, 제나라, 양나라, 진나라이다. 모두 수도가 강동에 있었다.

六朝: 吳東晉宋齊梁陳. 皆都江東.

42. 육군자(六君子): 염계선생 주자, 이름은 돈이, 자는 무숙이다. 명도선생 정자, 이름은 호, 자는 백순이다. 이천선생 정자, 이름은 이, 자

는 정숙이다. 명도선생의 동생이다. 강절선생 소자 이름은 옹, 자는 요
부이다. 횡거선생 장자, 이름은 재, 자는 자후이다. 속수선생 사마온공,
이름은 광, 자는 군실이다.

六君子: 濂溪先生周子 名惇頤 字茂叔. 明道先生程子 名顥 字伯淳.
伊川先生程子 名頤 字正叔 明道弟. 康節先生邵子 名雍 字堯夫. 橫渠
先生張子 名載 字子厚. 涑水先生司馬溫公 名光 字君實.

43. 육례(六禮): 혼례에서 이른바 납채, 문명, 납길, 납징, 청기, 친영
을 말한다.

六禮: 昏禮所謂 納采 問名 納吉 納徵 請期 親迎也.

44. 칠거(七去): 부모에 순종하지 않으면 내친다. 자식이 없으면 내친
다. 음란하면 내친다. 투기하면 내친다. 심한 병이 들면 내친다. 말이
많으면 내친다. 도둑질하면 내친다. ○ 내칠 수 없는 경우가 셋이다.
올 수는 있지만 돌아갈 곳이 없는 경우 내치지 못한다. 함께 부모의
삼년상을 치른 경우 내치지 못한다. 이전에는 가난했는데 나중에 부유
해진 경우는 내치지 못한다.

七去: 不順父母去. 無子去. 淫去. 妬去. 有惡疾去. 多言去. 竊盜去.
○ 有三不去. 有所取無所歸不去. 與更三年喪不去. 前貧賤後富貴不去.

45. 칠정(七情): 즐거움, 화, 슬픔, 두려움, 사랑함, 미워함, 바람이다.
○ 의서에는 즐거움, 화, 걱정, 생각, 슬픔, 놀람, 두려움으로 되어 있다.

七情: 喜怒哀懼愛惡欲. ○ 醫書 喜怒憂思悲驚恐.

46. 칠재자(七才子): 건안 사람들이다. 공융, 자는 문거이다. 진림, 자
는 공장이다. 왕찬, 자는 중선이다. 서간, 자는 위장이다. 완우, 자는 원
유이다. 응창, 자는 덕연이다. 유정, 자는 공간이다.

七才子: 建安人. 孔融 字文擧. 陳琳 字孔璋. 王粲 字仲宣. 徐幹 字

偉長. 阮瑀 字元瑜. 應瑒 字德璉. 劉楨 字公幹.

47. 칠현(七賢): 산도, 자는 거원이다. 혜강, 자는 숙야이다. 완적, 자는 사종이다. 완함, 자는 중용이다. 완적의 형의 아들이다. 향수, 자는 자기이다. 왕융, 자는 준중이다. 유영, 자는 백륜이다. 모두 노자와 장자의 사상을 숭상하여 마음껏 술 마시고 놀았다. 사람들은 이들을 죽림칠현이라고 불렀다. 이백, 하지장, 이적지, 여양왕 이진, 최종지, 소진, 장욱, 초수는 주팔선이다.

七賢: 山濤 字巨源. 嵇康 字叔夜. 阮籍 字嗣宗. 阮咸 字仲容 籍兄子. 向秀 字子期. 王戎 字濬仲. 劉伶 字伯倫. 皆崇尙老莊縱酒昏酣. 人號竹林七賢. ○ 李白 賀知章 李適之 汝陽王璡 崔宗之 蘇晉 張旭 焦遂 爲酒八仙.

48. 칠서(七書): 『주역』, 『서전』, 『시전』, 『대학』, 『중용』, 『논어』, 『맹자』이다. ^{경서 또는 칠서라고도 한다.} ○ 『손자』, 『오자』, 『사마법』, 『이위공』, 『위요자』, 『삼략』, 『육도』이다. ^{이는 무경칠서라고 한다.}

七書: 周易 書傳 詩傳 大學 中庸 論語 孟子.^{經書七書} ○ 孫子 吳子 司馬法 李衛公 尉繚子 三略 六韜.^{是謂武經七書}

49. 팔원(八元): 제곡의 아들들이다. 백분, 중감, 숙헌, 계중, 백호, 중웅, 숙표, 계리이다. ○ 팔개는 전욱의 뛰어난 아들들이다. 창서, 퇴애, 도인, 대림, 방강, 정견, 중용, 숙달이다.

八元: 帝嚳庶子. 伯奮 仲堪 叔獻 季仲 伯虎 仲熊 叔豹 季狸. ○ 八凱 顓頊才子. 蒼舒 隤敳 檮戭 大臨 龐降 庭堅 仲容 叔達.

50. 팔룡(八龍): 순숙에게는 여덟 아들이 있었다. 검, 곤, 정, 도, 왕, 상, 숙, 부이다. 옛날 고양씨에게 뛰어난 여덟 아들이 있었다. 그래서 그 마을 이름을 고양리라고 했다. 당시에 팔룡이라고 했다.

八龍: 荀淑有八子. 儉 緄 靖 燾 汪 爽 肅 敷. 昔高陽氏有才子八人
故署其里曰高陽里. 時號八龍.

51. 팔대가(八大家)

51. 팔대가(八大家): 한유, 자는 퇴지이고 호는 창려이다. 유종원, 자
는 자후이고 호는 유주이다.^{여기까지는 당나라 때 인물이다} 구양수, 자는 영숙이
고 호는 육일거사이다. 소순, 자는 명윤이고 호는 노천이다. 사람들이
노소라고 불렀다. 소식, 자는 자첨이고 호는 동파이다. 소순의 아들이
다. 사람들은 장소라고 불렀다. 소철, 자는 자유이고 호는 영빈이다. 소
식의 동생이다. 사람들은 소소라고 불렀다. 증공, 자는 자고이고 호는 남
풍이다. 왕개보, 자는 안석이고 호는 임천이다.^{여기까지는 송나라 인물이다.} ○ 뒤
에 당나라 사람 섭적, 이고를 보태 십대가라 했고 이백, 두보, 한유를
삼대가라고 했다.

八大家: 韓愈 字退之 號昌黎. 柳宗元 字子厚 號柳州.^{已上唐} 歐陽脩
字永叔 號六一居士. 蘇洵 字明允 號老泉 人稱老蘇. 蘇軾 字瞻 號東
坡 荀子 人稱長蘇. 蘇轍 字子由 號潁濱 軾弟 人稱少蘇. 曾鞏 字子固
號南豐. 王介甫 字安石 號臨川.^{已上宋} ○ 後加 唐 葉適 李翺曰 十大家.
又李白 杜甫 韓愈曰三大家.

52. 구용(九容)

52. 구용(九容): 발의 모습은 진중해야 한다. 손의 모습은 공손해야
한다. 눈의 모습은 단정해야 한다. 입의 모습은 다물고 있어야 한다.
목소리는 고요해야 한다. 머리의 모습은 곧게 들려 있어야 한다. 숨쉬
는 모습은 엄숙해야 한다. 서 있는 모습은 덕스러워야 한다. 얼굴의 모
습은 장엄해야 한다.

九容: 足容重 手容恭 目容端 口容止 聲容靜 頭容直 氣容肅 立容德
色容莊.

53. 구사(九思)

53. 구사(九思): 밝게 보도록 생각해야 한다. 잘 듣도록 생각해야 한
다. 온화한 얼굴색을 하도록 생각해야 한다. 공손한 몸놀림을 하도록

생각해야 한다. 충직한 말을 하도록 생각해야 한다. 일을 처리할 때는 공경스럽게 할 것을 생각해야 한다. 의심나는 것이 있을 때는 물을 것을 생각해야 한다. 분노했을 때는 어려운 경우를 당할 것을 생각해야 한다. 이득을 마주했을 때는 의로움을 생각해야 한다.

九思: 視思明 聽思聰 色思溫 貌思恭 言思忠 事思敬 疑思問 忿思難 見得思義.

54. 구족(九族): 고조할아버지, 증조할아버지, 할아버지, 자기, 아들, 손자, 증손자, 현손자이다. 이는 제사를 지내고 받는 범위에 드는 친족이다.

九族: 高祖 曾祖 祖父 己 子孫 曾孫 玄孫 此五服之親.

55. 구석(九錫): 여마, 의복, 악기, 주호, 납폐, 호분, 궁시, 부월, 거창주이다.

九錫: 輿馬 衣服 樂則 朱戶 納陛 虎賁 弓矢 鈇鉞 秬鬯.

56. 구류(九流): 유가, 도가, 음양가, 법가, 명가, 묵가, 종횡가, 잡가, 농가 ○ 명가는 소설가로 되어 있기도 하다.

九流: 儒家 道家 陰陽家 法家 名家 墨家 縱橫家 雜家 農家. ○ 名家一作小說家.

57. 구관(九官): 순임금은 우에게 백규의 자리에 있게 하고, 기에게 후직이 되라 하고, 설에게 사도가 되라 하고, 고요에게 사가 되라 하고, 수에게 공공이 되라 하고, 익에게 우가 되라 하고, 백이에게 질종이 되라 하고, 기에게 전악이 되라 하고, 용에게 납언이 되라 하였다.

九官: 舜命禹宅百揆 棄爲后稷 契爲司徒 皐陶爲士 垂爲共工 益爲虞 伯夷爲秩宗 夔爲典樂 龍爲納言.

58. 구경(九卿): 태상경, 광록경, 위위경, 태복경, 대리경, 홍여경, 종

정경, 사농경, 태부경이다.

九卿: 太常卿 光祿卿 衛尉卿 太僕卿 大理卿 鴻臚卿 宗正卿 司農卿
太府卿.

59. 구로(九老): 당나라 백거이는 향산거사로 불렸는데 구로회를 만들
었다. 호고는 89살, 길민은 87살, 유진은 87살, 정거는 85살, 노정은 83
살, 장혼은 77살, 낙천은 74살, 이원상은 126살, 승려 여만은 95살, 적겸
모는 70살이 되지 않았다. 함께 모였지만 서열을 따지지 않았다. ○ 송
나라 부한공이 벼슬을 반납하고 낙양의 공경대부 중에 나이가 많고 덕
이 있는 사람을 모아 기영회를 만들었다. 모두 13명이었다. 노공 문언
박, 부필, 왕공진, 사봉 석여언, 안지 왕상공, 정숙 초건중, 불의 왕근언,
백수 유형, 남궤 조병, 경원 장헌, 풍숙지, 창언 장문과 온공 사마광이
다. 사마광은 64살이었지만 적겸모의 고사에 따라 기영회에 들었다.

九老: 唐 白居易稱香山居士 作九老會. 胡杲八十九 吉旼八十七 劉
眞八十七 鄭據八十五 盧貞八十三 張混七十七 樂天七十四 李元爽百
二十六 僧如滿九十五 狄兼謨年未七十. 與會而不及列. ○ 宋 富韓公
致仕 集洛中公卿大夫 年德高者 爲耆英會 共十三人. 文潞公彦博 富公
弼 王拱辰 席司封汝言 王安之尙恭 楚正叔建中 王不疑謹言 劉伯壽兄
趙南几丙 張景元憲 馮肅之 張昌言問 司馬溫公 年六十四 用狄兼謨故
事入會.

60. 십철(十哲): 진나라, 채나라에서 공자를 따랐던 사람들이다. 덕행
으로는 안연과 민자건, 염백우, 중궁이다. 말로는 재아, 자공이다. 정사
는 염유와 계로이다. 문학은 자유와 자하였다.^{덕행, 언어, 정사, 문학을 4과라 한다.}

十哲: 從夫子於陳蔡者. 德行顏淵 閔子騫 冉伯牛 仲弓 言語 宰我
子貢 政事 冉有 季路 文學 子游 子夏.^{是謂四科}

61. 십이장(十二章): 해, 달, 별, 산, 룡, 화충,^{꿩은 윗옷에 그린다.} 종이,^{호랑이}

^{와 원숭이} 말, 분미, 보, 불은 치마에 수놓았다. ○ 해, 달, 별을 뺀 것을 9
장이라 하고 상공의 면복에 수놓았다.

十二章: 日也 月也 星辰也 山也 龍也 華蟲^雉也 繪於衣. 宗彝^{虎蜼}也 藻
也 火也 粉米也 黼也 黻也 繡於裳. ○ 無日月星辰曰 九章 上公冕服.

62. 십삼경(十三經): 『주역』,^{희경, 연산, 귀장} 『서전』,^{상서} 『시전』,^{모시, 파경} 『이
아』, 『주례』, 『의례』, 『예기』, 『효경』, 『논어』,^{노논} 『맹자』,^{추서} 『춘추』,^{인경} 『좌
씨전』, 『공양전』, 『곡양전』 ○ 『주역』, 『서전』, 『시전』, 『주례』, 『의례』,
『예기』, 『춘추』, 『효경』, 『논어』를 9경이라 한다. 『주역』, 『서전』, 『시전』,
『예기』, 『주례』, 『춘추』를 6경이라 한다. 『주역』, 『서전』, 『시전』, 『예기』,
『춘추』를 5경이라 한다. 『주역』, 『서전』, 『시전』을 3경이라 한다.

十三經: 周易^{羲經 連山 歸藏} 書傳^{尙書} 詩傳^{毛詩 笵經} 爾雅 周禮 儀禮 禮記
孝經 論語^{魯論} 孟子^{鄒書} 春秋^{麟經} 左氏傳 公羊傳 穀梁傳. ○ 易 書 詩
周禮 儀禮 禮記 春秋 孝經 論語 曰九經. 易 書 詩 禮記 周禮 春秋
曰六經. 易 書 詩 禮記 春秋 曰五經. 易 書 詩 曰三經.

63. 십팔학사(十八學士): 두여회, 방현령, 우세남, 저양, 요사렴, 이현
도, 채윤공, 설원경,^{설수의 조카} 안상시,^{안사고의 동생} 소욱, 우지녕, 소세장, 설
수, 이수소, 육덕명, 공영달, 개문달, 허경종이다. 당나라 태종이 진왕이
되었을 때 관을 열고 사대부들을 끌어들였다. 선발에 참여한 자들을 당
시 사람들은 등영주라고 했다.

十八學士: 杜如晦 房玄齡 虞世南 褚亮 姚思廉 李玄道 蔡允恭 薛元
敬^{收之從子} 顔相時^{師古之弟} 蘇勗 于志寧 蘇世長 薛收 李守素 陸德明 孔
穎達 蓋文達 許敬宗. 唐太宗爲秦王時 開館延之士大夫. 得預其選者
時人謂之登瀛洲.

64. 이십팔장(二十八將): 한나라 명제가 중흥 공신을 생각하여 남궁
의 운대에 초상화를 그리게 했다. 등우를 첫째로 하고, 마성, 오한, 왕

양, 가복, 진준, 경감, 두무, 구순, 부준, 잠팽, 견심, 풍이, 왕패, 주우, 임광, 제준, 이충, 경단, 만수, 개연, 비융, 요기, 유식, 경순, 장궁, 마무, 유융의 차례였다. 또 왕상, 이통, 두융, 탁무를 보태서 32인이 되었다. 마원은 왕후의 아버지였기 때문에 포함되지 않았다.

二十八將: 漢明帝思中興功臣 乃圖畵於南宮雲臺. 鄧禹爲首 次馬成 吳漢 王梁 賈復 陳俊 耿弇 杜茂 寇恂 傅俊 岑彭 堅鐔 馮異 王覇 朱祐 任光 祭遵 李忠 景丹 萬脩 蓋延 邳肜 銚期 劉植 耿純 藏宮 馬武 劉隆. 又益以王常 李通 竇融 卓茂 合三十二人. 馬援 以椒房之親 獨不與焉.

1. 문묘향사(文廟享祀): 문선왕.^{정위} 안자,^{이름은 회, 자는 자연} 자사.^{이름은 잉, 공자의 손자} ○ 여기까지는 위치가 동쪽 증자,^{이름은 삼, 자는 자여} 맹자.^{이름은 가, 자는 자여} ○ 여기까지는 위치가 서쪽 민손,^{자건} 염옹,^{중궁} 단목사,^{자공} 중유,^{자로} 복상,^{자하} 조돈이,^{염계} 정이,^{명도} 장재.^{횡거} ○ 여기까지는 전의 동쪽 염경,^{백우} 재여,^{자아} 염구,^{자유} 언언,^{자한} 전손사,^{자장} 정호,^{이천} 소옹,^{강절} 주희.^{자는 중회, 호는 회암.} ○여기까지는 전의 서쪽 담대멸명,^{자우} 원헌,^{자사} 남궁괄,^{자용} 상구,^{자목} 칠조개,^{자개} 번수,^{자지} 공서적,^{자화} 양전,^{숙어} 염유,^{자로} 백건,^{자철} 염계,^{자산} 칠조치,^{자겸} 칠조사보,^{자문} 상택,^{자계} 임부제,^{자선} 공양유,^{자정} 진염,^{자개} 공견정,^{자중} 교단,^{자가} 한부흑,^{자색} 공조구자,^{자지} 현성,^{자기} 연잉,^{자사} 안지복,^{자숙} 악해,^{자성} 안하,^{자염} 적흑,^{자석} 공충,^{공자의 형의 아들} 공서점,^{자상} 시지상,^{자항} 진비,^{자지} 신정,^{자속} 안쾌,^{자성} 좌구명, 곡양적,^{시시, 다른 이름은 숙} 고당생, 모장, 유향,^{자정, 다른 이름은 경생} 정중,^{중사} 노식,^{자간} 복건,^{우신, 초명은 중, 다른 이름은 지} 한유,^{문공} 양시,^{귀산} 호안국,^{강후} 장식,^{남헌} 황간,^{면재} 진덕수,^{서산} 설총,^{총지} 안향,^{문성} 김굉필,^{한훤} 조광조,^{정암} 이황,^{퇴계} 이이,^{율곡} 김장생,^{사계} 송준길.^{동춘} ○ 여기까지는 동무 복부제,^{자천} 공야장,^{자장} 공석애,^{계차} 고시,^{자고} 사마경,^{자우} 유약,^{자유} 무마시,^{자기} 안신,^{자유} 조휼,^{자순} 공손룡,^{자석} 진상,^{자비} 안고,^{자교} 양사적,^{자도} 석작촉,^{자명} 공하수,^{자승} 후처,^{자리} 해용점,^{자석} 안조,^{자양} 구정강, 진조,^{자남} 영기,^{자기} 좌인영,^{자행} 정국,^{자도} 원항,^{자적} 염결,^{자용} 숙중회,^{자기} 규손,^{자렴} 공서여여,^{자상} 거원,^{백옥} 임방,^{자기} 진항,^{자금} 금장,^{자개} 보숙승,^{자거} 공양고, 복승,^{자천} 대성,^{소대} 동중서, 공안국,^{자국} 두사춘, 정현,^{강성} 범영,^{무자} 사마광,^{온공} 나종언,^{료용} 이동,^{연평} 여조겸,^{동래} 채침,^{주자의 사위, 채원정의 아들} 허형,^{노재} 최치원,^{고운} 정몽주,^{포은} 정여창,^{일두} 이언적,^{회재} 김인후,^{하서} 성혼,^{우계} 송시열,^{우암} 박세채.^{현석} ○ 여기까지는 서무 ○ 살펴보니 공자 문하의 제자는 공백료와 신당이 들어 있지 않고 증점, 안무요와 숙량흘, 공리, 맹

격, 공의는 계성사에 함께 제향했다.

文廟享祀. 文宣王.正位 顔子名回 字子淵 子思名伋 孔子之孫. ○ 已上位東 曾子名參 字子輿 孟子.名軻 字子輿 ○ 已上位西 閔損子騫 冉雍仲弓 端木賜子貢 仲由子路 卜商子夏 周惇頤濂溪 程頤明道 張載橫渠. ○ 已上殿東 冉耕伯牛 宰子子我 冉求子有 言偃子游 顓孫師子張 程顥伊川 邵雍康節 朱熹字仲晦 號晦庵. ○ 已上殿西 澹臺滅明子羽 原憲子思 南宮括子容 商瞿子木 漆雕開子開 樊須子遲 公西赤子華 梁鱣叔魚 冉孺子魯 伯虔子哲 冉季子産 漆雕哆子歛 漆雕徒父子文 商澤子季 任不齊子選 公良孺子正 秦冉子開 公肩定子中 鄡單子家 罕父黑子索 公祖句玆子之 縣成子祺 燕伋子思 顔之僕子叔 樂欬子聲 顔何子冉 狄黑子哲 孔忠子我 孔子兄子 公西蒇子尙 施之常子恒 秦非子之 申棖子續 顔噲子聲 左丘明 穀梁赤示始 一名叔 高堂生 毛萇 劉向子政 一名更生 鄭衆仲師 盧植子幹 服虔子愼 初名重 又名祇 韓愈文公 楊時龜山 胡安國康候 張拭南軒 黃榦勉齋 眞德秀西山 薛聰聰智 安向文成 金宏弼寒喧 趙光祖靜菴 李滉退溪 李珥栗谷 金長生沙溪 宋浚吉同春. ○ 已上東廡 宓不齊子賤 公冶長子長 公晢哀季次 高柴子羔 司馬耕子牛 有若子有 巫馬施子期 顔辛子柳 曹卹子循 公孫龍子石 秦商子丕 顔高子驕 壤駟赤子徒 石作蜀子明 公夏首子乘 后處子里 奚容蒇子哲 顔祖子襄 句井彊 秦祖子南 榮旂子祺 左人郢子行 鄭國子徒 原亢子籍 廉潔子庸 叔仲會子期 邦巽子歛 公西輿如子上 蘧瑗伯玉 林放子企 陳亢子禽 琴張子開. 步叔乘子車 公羊高 伏勝子賤 戴聖小戴 董仲舒 孔安國子國 杜士春 鄭玄康成 范甯武子 司馬光溫公 羅從彦了翁 李侗延平 呂祖謙東萊 蔡沈朱子婿 元定子 許衡魯齋 崔致遠孤雲 鄭夢周圃隱 鄭汝昌一蠹 李彦迪晦齋 金麟厚河西 成渾牛溪 宋時烈尤庵 朴世采玄石. ○ 已上西廡 ○ 按孔門弟子 惟公伯僚 申黨不入 曾點 顔無繇與叔梁紇 孔鯉 孟激 公宜 共享啓聖祠.

2. 장감(將鑑): 손무, 범려, 전양저, 손빈, 오기, 악의, 전단, 조사, 염파, 이목, 백기, 왕전, 몽염.여기까지는 전국시대의 장수 장량, 한신, 번쾌, 주아보, 위청, 곽거병, 이광, 이릉, 조충국, 풍봉세, 진탕.여기까지는 서한의 장수 등우, 등훈,등우의 아들 구순, 풍이, 가복, 오한, 잠팽, 경엄, 경공,취엄의 아들 왕패, 장궁, 제준, 마원, 반초, 두헌, 우후, 황보숭.여기까지는 동한의 장수 장료,

사마의, 등애.^{여기까지는 위나라의 장수} 제갈량, 관우, 위연.^{여기까지는 촉한의 장수} 주
유, 노숙, 여몽, 육손, 육항.^{육손의 아들, 여기까지는 오나라의 장수} 양우, 두예, 왕준,
마융, 주처.^{여기까지는 서진의 장수} 조적, 주방, 도간, 사현.^{여기까지는 동진의 장수} 왕
맹.^{진나라의 장수} 단도제, 왕진악.^{여기까지는 송나라의 장수} 위예.^{양나라의 장수} 최호, 우
근.^{여기까지는 위나라의 장수} 곡율광.^{북제의 장수}, 위효관.^{북주의 장수} 장손원, 양소, 한
금, 호하, 약필, 사만세.^{여기까지는 수나라의 장수} 이정, 이적, 이효공, 위지공, 소
정방, 설인귀, 배행검, 당휴경, 장인후, 왕충사, 이광필, 곽자의, 이포진, 이
성, 이소, 마수, 혼감.^{여기까지는 당나라의 장수} 왕언장.^{후량의 장수} 곽숭도.^{후당의 장수}

將鑑. 孫武 范蠡 田穰苴 孫臏 吳起 樂毅 田單 趙奢 廉頗 李牧 白
起 王翦 蒙恬^{已上戰國} 張良 韓信 樊噲 周亞父 衛青 霍去病 李廣 李陵
趙充國 馮奉世 陳湯已上西漢. 鄧禹 鄧訓^{禹子} 寇恂 馮異 賈復 吳漢 岑
彭 耿弇 耿恭^{弇子} 王覇 臧宮 祭遵 馬援 班超 竇憲 虞詡 皇甫嵩^{已上東漢}
張遼 司馬懿 鄧艾^{已上魏}. 諸葛亮 關羽 魏延^{已上蜀漢}. 周瑜 魯肅 呂蒙 陸遜
陸抗.^{遜子} ○ 已上吳 羊祜 杜預 王濬 馬隆 周處^{已上西晉}. 祖逖 周訪 陶侃 謝
玄.^{已上東晉} 王猛^秦 檀道濟 王鎭惡^{已上宋} 韋叡^梁. 崔浩 于謹^{已上元魏} 斛律光.
^{北齊} 韋孝寬^{北周} 長孫晟 楊素 韓擒 虎賀 若弼 史萬歲^{已上隋} 李靖 李勣
李孝恭 尉遲恭 蘇定方 薛仁貴 裴行儉 唐休璟 張仁愿 王忠嗣 李光弼
郭子儀 李抱眞 李晟 李愬 馬燧 渾瑊.^{已上唐} 王彦章^{後梁} 郭嵩韜^{後唐}

3. 난정수계(蘭亭脩稧): 왕희지, 왕응지,^{왕희지의 둘째 아들} 손통, 사안, 손
작, 왕숙지,^{왕희지의 넷째 아들} 왕빈지, 왕휘지,^{왕희지의 다섯째아들} 서풍지, 사만,
원교지,^{여기까지 11인은 사언, 오언 각 1수} 위방, 치담, 환위, 유우, 왕환지, 조무
지, 유온, 우설, 왕현지,^{왕희지의 맏아들} 사역, 조화, 왕온지, 화무, 손사^{손작의}
^{아들}, 왕풍지.^{여기까지 15인은 사언, 혹은 오언 각 1수} 사등, 사괴, 구모, 임응, 왕헌
지,^{왕희지의 일곱째 아들} 양모, 후면, 여계, 공성, 유밀, 노이, 화기, 변적, 여
본, 조인, 우곡.^{이상 16인은 시를 짓지 못해 술 세 잔을 마셨다}
蘭亭脩稧: 王羲之 王凝之^{羲之第二子} 孫統 謝安 孫綽 王肅之^{羲之第四子} 王
彬之 王徽之^{羲之第五子} 徐豐之 謝萬 袁嶠之已.^{上十一人 四言 五言 各一首} 魏滂

郗曇 桓緯 庾友 王渙之 曹茂之 庾蘊 虞說 王玄之^{義之長子} 謝繹 曹華 王蘊之 華茂 孫嗣－綽子 王豐之.^{已上十五人四言 或五言 各一首} 謝藤 謝瑰 丘旄 任凝 王獻之^{義之第七子} 楊模 后綿 呂系 孔盛 鎦密 勞夷 華耆 卞迪 呂本 曹諲 虞谷.^{已上十六人詩各不成飯酒三觥}

4. 동방성보(東方姓譜): 석, 부, 기, 왕, 래, 탁, 번, 방, 화, 성, 도, 견, 택, 시, 홍, 방, 순, 봉, 후, 공, 혁, 고, 화, 풍, 오, 선, 합, 일, 원, 복, 택, 풍, 지, 곽, 견, 고, 전, 미, 임, 천, 단, 양, 방, 승, 최, 남, 하, 건, 주, 궁, 녹, 이, 만, 엽, 미, 방, 천, 우, 극, 초, 경, 수, 영, 창, 강, 우, 진, 초, 목, 어, 채, 노, 은, 구, 돈, 석, 병, 예, 호, 부, 온, 량, 옥, 촉, 시, 물, 길, 옹, 뇌, 윤, 공, 두, 태, 등, 설, 용, 공, 경, 장, 보, 도, 유, 승, 필, 소, 명, 자, 경, 실, 신, 형, 율, 노, 모, 황, 당, 반, 오, 화, 우, 영, 부, 사, 영, 형, 섭, 지, 구, 공, 맹, 정, 주, 문, 노, 삼, 직, 우, 궁, 시, 민, 신, 점, 표, 즉, 순, 양, 경, 구, 모, 장, 정, 현, 선, 진, 간, 책, 임, 사, 어, 권, 서, 음, 승, 유, 조, 혜, 반, 육, 심, 송, 한, 유, 강, 하, 원, 곡, 손, 오, 염, 백, 팽, 경, 위, 박, 강, 갈, 전, 지, 이, 간, 표, 탁, 필, 진, 준, 양, 포, 나, 심, 연, 신, 제, 위, 적, 차, 승, 구, 원, 가, 판, 설, 변, 재, 승, 조, 양, 빈, 전, 단, 엄, 호, 낭, 소, 장, 동, 몽, 옹, 애, 강, 장, 함, 하, 편, 전, 쌍, 정, 연, 안, 여, 사, 아, 금, 피, 궤, 곡, 방, 환, 배, 종, 다, 탁, 마, 대, 수, 부, 매, 원, 양, 장, 백, 유, 계, 소, 조, 야, 감, 상, 랑, 익, 범, 국, 화, 하, 은, 이, 상, 욱, 문, 종, 주, 정, 내, 태, 평, 신, 경, 천, 추, 동, 고, 마, 범지 김, 석, 종, 여, 골, 기, 먀, 별, 나, 변, 인, 허, 궉, 소, 퉁, 뺨. 모두 308 성씨이다. 복성으로 부여, 영호, 석말, 황보, 독고, 사마, 사공, 선우, 동방, 서문, 남궁이 있다. ○ 이밖에 창씨, 국씨, 망씨 같은 경우는 자세히 알 수 없어 수록하지 않는다.

東方姓譜: 昔 夫 箕 王 來 拓 藩 邦 化 成 陶 甄 澤 施 洪 龐 順 奉 侯 貢 赫 高 和 馮 吾 鮮 合 一 元 卜 宅 酆 池 郭 堅 固 錢 米

林 芊 端 陽 方 昇 崔 南 何 騫 珠 宮 綠 李 萬 葉 彌 芳 天 祐 克
肖 景 壽 永 昌 强 于 秦 楚 睦 於 蔡 魯 恩 仇 頓 析 邢 芮 扈 附
溫 涼 玉 燭 時 物 吉 邑 雷 尹 龔 杜 台 登 俁 龍 公 卿 章 甫 都
兪 承 弼 素 明 慈 敬 實 愼 刑 律 盧 車 黃 唐 班 伍 華 禹 窨 斧
思 榮 荊 聶 知 瞿 孔 孟 程 朱 門 路 森 直 牛 弓 柴 閔 信 占 標
則 荀 揚 京 丘 毛 葭 鄭 玄 宣 陳 簡 冊 任 史 魚 權 徐 陰 僧 庚
曹 嵇 潘 陸 沈 宋 韓 柳 江 河 原 谷 孫 吳 廉 白 彭 耿 葦 朴 姜
葛 全 智 伊 間 表 卓 畢 晉 俊 良 包 羅 尋 延 辛 諸 魏 翟 車 乘
具 員 價 判 薛 卜 才 勝 趙 梁 賓 傳 段 嚴 胡 浪 蘇 張 童 蒙 翁
艾 康 莊 咸 賀 片 田 雙 井 燕 安 余 舍 牙 琴 皮 几 曲 房 桓 裴
種 茶 濯 麻 對 水 部 梅 袁 楊 蔣 柏 劉 桂 邵 爪 夜 甘 桑 郎 翌
汎 鞠 花 夏 殷 異 尙 郁 文 宗 周 丁 乃 太 平 申 慶 千 秋 董 賈
馬 范 金 石 鐘 呂 骨 奇 乜 別 那 邊 印 許 鴌권 军소 甲룡 乁삐 . 凡
三百八. 複姓 扶餘 令狐 石林 皇甫 獨孤 司馬 司空 鮮于 東方 西門
南宮. ○ 外此 蒼氏 國氏 岡氏之類 未詳不錄.

색 인

한용진 ·약 력·

현) 고려대학교 교육학과 교수(교육학 박사)
고려대학교 교육학과 및 동 대학원(교육철학 및 교육사학 전공)
민족문화추진회 부설 국역연수원 졸업
일본 나고야대학 객원교수(2000),
영국 케임브리지대학 방문학자(2005)

서범종 ·약 력·

고려대학교 교육학과 및 동대학원 졸업(교육학 박사)
한림대학교부설 태동고전연구소 수료
현) 고려대학교 BK21 교육학국제화사업단 연구교수

아희원람(兒戱原覽)

• 초판 인쇄   2008년 2월 29일
• 초판 발행   2008년 2월 29일

• 지 은 이   장혼
• 옮 긴 이   한용진 · 서범종
• 펴 낸 이   채종준
• 펴 낸 곳   한국학술정보㈜
            경기도 파주시 교하읍 문발리 513-5
            파주출판문화정보산업단지
            전화   031) 908-3181(대표) · 팩스   031) 908-3189
            홈페이지 http://www.kstudy.com
            e-mail(출판사업부) publish@kstudy.com
• 등   록   제일산-115호(2000. 6. 19)
• 가   격   22,000원

ISBN   978-89-534-9070-3 93370 (Paper Book)
        978-89-534-9071-0 98370 (e-Book)